Autres livres de **Bernard Millet** *(autoédition, sans ISBN)*

- **Je la tuerai... dit l'enfant,** 1998

- **L'Eurénot,** 1993

- **Le Baiser**, 2005

Éditeur : Books on Demand GmbH
12, 14 rond point des Champs Elysées
PARIS, France
Impression : Books on Demand, GmbH
Worderstedt, Allemagne
ISBN : 9782322085194
Dépôt légal : Octobre 2017
Tous droits réservés pour tous pays

Bernard Millet

Journal d'un curé

pas très "catholique"

AVERTISSEMENT de l'auteur

À l'heure où apparaît enfin au grand jour le scandale de la pédophilie dans le clergé, l'auteur de ces confidences, prêtre lui-même, né au milieu de la première partie du XXe *siècle, voudrait dire sa conviction que ces déviances et bien d'autres sont, dans la plupart des cas, le fruit d'un mode d'éducation tragique.*

Je remercie le lecteur de bien vouloir ne pas aborder la lecture de cet ouvrage avant de lire cet avertissement.

Je redoute, en effet, que nombre de lecteurs soient scandalisés par ces confidences.

Ayant été pasteur pendant plus de cinquante ans, je connais bien mes contemporains et, en particulier, ceux qui se reconnaissent comme catholiques.

Je sais qu'un certain nombre d'entre eux considèrent le prêtre comme une sorte de surhomme qui ne devrait avoir ni défaut, ni faiblesse. Ce livre perturbera certainement profondément ces personnes. Je leur demande pardon et leur demande également de vouloir reconnaître aux prêtres leur statut d'êtres humains et non pas d'anges auxquels aucune faiblesse ne serait tolérée...

Je sais aussi que mes propos sur la pédophilie révolteront certains lecteurs. J'insiste auprès de ceux-ci pour leur dire qu'il n'est pas question de justifier cette grave déviance, mais qu'il faut toujours tenir compte de l'éducation reçue, qui modifie toute personnalité dans son enfance et son adolescence ; parfois même dans son âge adulte.

*Je demande avec force au lecteur de ne pas faire d'amalgame. Lorsque je dis : "Des prêtres font...", cela ne veut pas dire que "**tous** les prêtres font la même chose... De même lorsque je dis : "Des époux font..." cela ne veut pas dire que "**tous** les époux font..."*

Je voudrais, enfin, par ces confidences en appeler à tous ceux qui sont en contact avec des prêtres et les prier de bien vouloir dans le respect et — si possible — l'amitié, les aider à vivre leur vie d'homme et de serviteurs de Dieu et de tous les hommes.

– I –

Au

Commencement

- 1 -

La chèvre...

La jeune femme vacille sur le char de foin. Les bœufs attelés à la charrette ont du mal à rester immobiles car les taons les piquent sans cesse. L'homme qui tend sur le char d'énormes fourchées de foin tente bien, de temps en temps de chasser les insectes, mais ceux-ci reviennent sans cesse sucer le sang des bovins...

La chaleur est torride en ce mois de juillet 1932. La femme est prête à donner naissance à son deuxième enfant. Elle transpire abondamment sur l'herbe sèche qui réverbère les rayons ardents du soleil. Il lui faut cependant arranger les fourchées de foin que lui tend son mari. La charretée doit être bien équilibrée pour que la charrette ne se renverse pas dans le parcours jusqu'à la ferme. C'est un travail ardu, délicat et rendu plus dur encore pour la jeune femme dans son état de grossesse et aussi par l'ardeur du soleil...

Quand le char est empli au maximum, l'homme approche une échelle près de son épouse et l'aide à descendre. Lentement le charroi se dirige vers la maison. Dès l'arrivée, la femme s'assoit sur une chaise et, sans un mot, sans un gémissement, reprend son souffle...

Quelques jours plus tard, elle mettra au monde un petit garçon, dans la chambre de sa maison. Elle lui donnera le nom d'Étienne, en souvenir de son propre père décédé dernièrement, les poumons dévorés par le gaz ypérite inhalé dans les tranchées, à Verdun, pendant la guerre.

Cet enfant… C'est moi, Étienne…

Me voilà arrivé à la fin de ma deuxième année d'existence… Je batifole dans la prairie, non loin de la maison d'habitation où ma tante garde les chèvres de mes parents…

Le peloton de laine a roulé sur l'herbe. La vieille dame affairée à tricoter des chaussons de laine a bondi sur ses jambes. D'effroyables cris d'enfant l'ont fait sursauter.

– Étienne ! Étienne !… crie l'aïeule, les bras levés au ciel !

Dans la prairie, le petit troupeau de chèvres paît tranquillement, sauf la chèvre dominante qui n'a pas accepté qu'un petit bout d'homme vienne perturber le repas de ses compagnes. C'est une grande chèvre blanche qui, sous les yeux de la tante, culbute l'enfant pour le chasser hors de son territoire…

La vieille dame intervient. Elle me prend la main et m'attire auprès d'elle.

– Je t'avais dit de ne pas t'approcher des animaux. La grande chèvre aurait pu te blesser gravement. Que cela te serve de leçon…

Dans le jardin familial, parmi les légumes qui sont la base de l'alimentation de la famille, mon père a planté deux petits

poiriers nains qui portent chaque année des fruits succulents. Mais que le temps de maturation est long pour un petit enfant qui n'a que rarement d'autres occasions de déguster des fruits ! Mes parents n'ont pas les moyens financiers d'en acheter sur les marchés. Un jour, n'y tenant plus, je m'approche d'un des poiriers. À la portée de ma bouche une poire dorée semble me faire signe. Elle n'est pas encore vraiment mûre, mais la tentation est trop grande. Je me hisse sur la pointe des pieds. Les mains derrière le dos, je plante mes dents dans le fruit et réussis à le grignoter.
Quand le méfait est découvert, le papa gronde sévèrement son fils :
– Je t'avais interdit de toucher aux poires jusqu'à leur maturité !
– Mais, papa, je ne les ai pas touchées, j'avais les mains derrière le dos !…

Au cours des années, la famille s'agrandit. Six enfants formeront la fratrie. Les parents ne sont pas riches. La ferme est de petite dimension : quatre hectares auxquels viendront s'adjoindre quatre autres loués à des voisins. Six vaches pour tirer la charrue et autres tombereaux. Ce sont ces animaux qui fourniront aussi le lait pour les biberons des enfants ainsi que le fromage et le beurre pour les adultes. Quatre brebis pour la laine et les agneaux de boucherie. Quelques poules et lapins… Un grand jardin potager… Ainsi, la famille vit presque en autarcie… Pas de dépenses inutiles. Les enfants fabriquent leurs jouets avec les matériaux locaux. Quelques boîtes de sardines vides trouvées dans une décharge feront un merveilleux petit train tiré avec une ficelle… Avec des chiffons, la maman saura confectionner des ballons pour ses garçons et des poupées pour ses filles. À cette époque il n'est pas question d'éducation parallèle. Elle confectionnera aussi les vêtements de chacun de ses enfants… Les sabots de bois tiendront les pieds au chaud pendant l'hiver et à l'abri de l'humidité en toute saison. À Noël, quatre papillotes et une orange feront le plus beau des cadeaux…

Ainsi, d'année en année les enfants apprennent à fabriquer de leur main les jouets qui leur conviennent. On sait manier le marteau et l'aiguille !…

Il me faudra longtemps pour prendre conscience que cette éducation sera une richesse, mais aussi une formation à l'indépendance… et toute ma vie sera marquée par cet appel à l'autonomie et au sens critique… et cela me sera d'un grand secours pour résister à l'appel de dangereuses sirènes…

J'ai maintenant dix ans. Dans l'école du petit village campagnard, la maîtresse, comme chaque jour, accueille les enfants en leur souhaitant le bonjour. Puis elle monte sur l'estrade. En voyant son visage tendu et sévère, les écoliers comprennent qu'il s'est passé quelque chose de grave. Si, comme à l'ordinaire le silence est total (la « dame » est très exigeante pour ses élèves, en ce qui concerne l'ordre et la discipline), aujourd'hui, on « entend voler les mouches » dans la classe unique.

– Mes enfants, je viens de recevoir un ordre du ministère. Vous allez devoir rentrer chez vous pour quelques jours car les alliés ont débarqué et nous craignons que l'armée allemande pratique, çà et là, des représailles.

Un enfant lève la main. La maîtresse l'invite à parler.
– Qu'est-ce que c'est madame, des représailles ?
– Ce sont des actes de méchanceté, comme des punitions.
– Mais ils veulent nous punir de quoi, demande un grand ? On n'a rien fait de mal, nous !
– Ils n'acceptent pas que nous voulions les chasser de la France…
– Mais on est chez nous, ici. Ils n'avaient pas le droit de nous prendre notre pays…
– Bien. Nous parlerons de tout cela après la fin de la guerre qui, nous le souhaitons, ne tardera pas. Pour le moment, rentrez chez vous et tâchez de vous rendre utiles auprès de vos parents…

En rentrant à la maison, j'ai la surprise de voir un homme assis à la table de la cuisine et en train de boire une tasse de café. Mon père explique :

– Ce monsieur va demeurer avec nous pendant l'été. Si vos camarades vous demandent qui est cet homme, vous répondrez que c'est un "ouvrier agricole" qui va m'aider aux travaux de la ferme…
Quelques jours plus tard, le père nous révèle que cet homme est un prêtre qui est recherché par la police allemande. Il recommande à ses enfants de ne parler à personne de sa présence car les Allemands ne doivent pas le retrouver. Les enfants sont très fiers d'avoir à garder un tel secret.
Cet homme est très gentil. Bien qu'il ne soit pas très compétent dans l'art de travailler la terre, il fait ce qu'il peut à la ferme. Il aide parfois la maman dans ses tâches ménagères. Il fait de bons gâteaux aussi. Sa présence va

renforcer une idée qui me trotte dans la tête depuis quelques jours. Pourquoi ne serais-je pas prêtre moi aussi ?...

Comme mes camarades d'école, je profite agréablement de ces vacances exceptionnelles. Cependant, depuis que l'homme-prêtre vit avec nous, je me sens de plus en plus attiré par cette vocation au sacerdoce... Les dimanches, à la messe paroissiale, je suis impressionné par les offices religieux. Je me sens heureux dans la petite église de mon village. Je regrette seulement que mon curé utilise tant de mots que je ne comprends pas. Ce sont des mots mystérieux qu'on n'emploie jamais en dehors du bâtiment religieux... Je veux apprendre ce que signifie ce langage. C'est un peu la raison qui m'a décidé à devenir prêtre : moi, je parlerai aux gens avec des mots que tout le monde pourra comprendre, même les enfants...

Lorsque je me suis ouvert de ce projet à mes parents, ceux-ci ont paru heureux mais hésitants aussi. Mon père a dit :
– Cela va être dur pour toi. Tu vas devoir faire de longues études, dans un petit séminaire d'abord, pendant six ou sept années, puis dans un grand séminaire, encore pendant six ans. Ces deux écoles sont très éloignées de chez nous. Il faudra donc être pensionnaire, c'est-à-dire, rester dans ces maisons pendant trois mois de suite sans revenir à la maison...

La contrainte me semble bien lourde, mais je suis décidé à affronter ces épreuves pour devenir prêtre.
Une seule chose me fait encore hésiter : mes parents sont tellement pauvres. Ils ne pourront pas payer les frais que va entraîner l'internat !...

Je laisse donc éclater ma joie et me pends au cou de mon père lorsque celui-ci m'annonce qu'il a parlé au curé du village. Ce dernier lui a assuré que la pension serait prise en charge par le diocèse.

Rétrospectives

Enfance heureuse, harmonieuse. On ne se pose pas de questions dans nos campagnes, on prend la vie comme elle vient...
Parfois, quelques grandioses et lointains rêves d'avenir où s'affirme déjà une personnalité rebelle à toute pression opprimante, illustrée dès les premiers pas par l'aventure avec la chèvre...

– 2 –

La boîte à coton.

Le jour de la rentrée au petit séminaire est arrivé. Accompagné de mes parents, je suis bien accueilli dans la grande maison où je vais passer désormais mes jours et mes nuits. Des professeurs, avec une grande gentillesse, nous indiquent les différents lieux de vie : salles de classe, réfectoire, dortoir dans lequel un placard à mon nom permet à ma maman de déposer les différentes pièces de mon trousseau, toutes marquées d'un numéro qu'on m'a attribué quelques semaines plus tôt lors de mon inscription dans cette école.

À 18 heures précises, une cloche sonne dans la grande cour. Tous les futurs pensionnaires sont invités à se mettre en rang devant la porte de la grande salle commune, appelée salle d'études. Les parents font un dernier signe d'adieu à leurs enfants, dont certains, étouffent tant bien que mal un sanglot…

La vie en internat ne pèse pas trop au petit paysan que je suis. Des moments d'activité physique, gymnastique ou récréations libres, équilibrent bien les temps d'études ou de

prières… Les loisirs et les cours sont tous, sauf un, assurés par des prêtres. Je trouve ces derniers gentils. Je ne me doute pas encore que certains manifesteront « trop » leur gentillesse. Il faudra que beaucoup d'amitié et de confiance s'installent avec les uns ou les autres de mes camarades pour que je reçoive de leur part des confidences sur les contacts trop « intime » de la part de certains de ces professeurs. Je suis encore bien naïf et ne comprends pas l'attitude de ces hommes. Un de ces professeurs, un jour, me convoque dans son bureau. Il me pose des questions sur ma famille, sur mes amis, sur ma vie à la campagne. Puis il me demande :
– Es-tu prêt à faire tout ce que je pourrais te demander ?
Guidé par la méfiance inhérente à mon état de fils de paysan, je réponds :
– Ça dépendra de ce que vous me demanderez...
Le professeur a compris le danger. Non seulement cet enfant ne répondrait pas forcément positivement à sa demande, mais il serait capable d'en parler à ses camarades et, surtout, à ses parents. Le professeur conclut l'entretien :
– Tu peux retourner en étude.
Jamais plus je ne serai convoqué chez ce professeur pédophile.

Ainsi, il ne viendrait à l'idée d'aucun de ces enfants de parler à leurs parents de ces « « caresse »» car ces pédophiles prennent bien la précaution de placer ces « entretiens » sous le sceau du secret, précisant que cela ne regarde que l'enfant et son professeur… Et que cela fait partie de son éducation… Quand il n'y a pas quelques "menaces de répression" voilées !… Sans compter cette impression de malaise que ressent plus ou moins consciemment le garçon !...

Trois mois sans revoir ses proches, c'est long ! Et, on ne peut pas dire que l'on soit entouré d'affection dans ce genre d'établissement qu'est le petit séminaire !...
Le mode de vie imposé y est spartiate. L'hiver, les dortoirs ne sont pas chauffés. Dès le lever, à six heures, les pensionnaires doivent se présenter, torse nu, devant la rangée de robinets d'où coule, en hiver, une eau glacée. Je me souviens de certains matins d'hiver où nous devions malaxer longuement les gants de toilette qui n'avaient pas pu sécher depuis la veille et qui étaient raidis par le gel.

Le petit-déjeuner n'a lieu qu'après une demi-heure de prière à la chapelle ; prière suivie d'une autre demi-heure de révision des leçons dans la grande salle d'études.
Les séances de gymnastique inspirées de l'hébertisme se font en culottes courtes, même au plein cœur de l'hiver.
Les longues promenades du jeudi se font en rangs par deux pendant la traversée de la ville. La discipline est très rude.
Pendant le carême, les repas se prennent en silence...
– Il faut dompter la bête qui sommeille en votre corps, proclament les professeurs. Si vous vous laissez aller à la paresse, au confort, les mauvais instincts qui sont en vous se réveilleront. Vous devez demeurer purs pour être de bons prêtres...
«L'impureté» ! Voilà la hantise de tous ces enfants, traumatisés par ce péché sournois qui les guette comme *"un lion prêt à dévorer sa proie"* ainsi que le proclame le psaume qu'on chante souvent à la prière du soir.[1]

---
[1] Psaume 7,2

La répression sexuelle remplace l'éducation sexuelle. Comme l'éducation affective d'ailleurs. Si le directeur, dans ses entretiens hebdomadaires parle de la sexualité, ce n'est que pour mettre en garde les élèves contre toutes sortes de péchés "contre la pureté". La masturbation est, bien sûr, aux yeux de ces maîtres, le plus grave des péchés mortels. Les simples pensées "contre la pureté" sont graves, elles aussi. On leur rabâche l'exemple du jeune Dominique Savio, un enfant italien qui a été assassiné pour avoir refusé de se laisser caresser. On présente sans cesse aux séminaristes cet enfant de leur âge comme le modèle à suivre.

Les confessions hebdomadaires obligatoires se pratiquent dans le bureau d'un professeur. Elles sont souvent de véritables interrogatoires détaillés sur le comportement sexuel de l'enfant, tant sur le plan physique que sur celui des "mauvaises pensées". Les enfants, d'abord étonnés par ces questionnements, pensent que cela fait partie de leur éducation. Ils sont loin de se douter que beaucoup de ces prêtres ont été, à leur tour, dans leur enfance, névrosés par une éducation similaire.

Les lectures des enfants sont strictement contrôlées. D'ailleurs on ne peut lire que des ouvrages proposés par l'établissement. Les livres scolaires eux-mêmes sont expurgés de tout ce qui fait allusion au sexe ou autre sentiment d'amour. Ces livres sont désignés par le terme : "Morceaux choisis". On voit bien dans quel sens ces

morceaux ont été choisis. C'est frustrant de lire un poème de Baudelaire, de Lamartine, ou de tout autre poète tronqué d'une partie du texte original.
Les séminaristes sont avertis que leur courrier sera contrôlé par monsieur le supérieur. De sorte que les lettres aux parents seront d'une grande banalité.

Tout sentiment d'amitié, et à plus forte raison d'amour, est également à bannir.
– Vous ne devez avoir de l'amour ou de l'amitié que pour Dieu et vos parents. Tout le reste est mauvais.

Lorsque, en classe de quatrième, je me lie d'une amitié profonde avec un de mes camarades, le directeur me fait appeler et me somme de rompre cette "amitié particulière" qui, d'après lui, ne peut conduire qu'à commettre de graves péchés ! Je ne comprendrais pas le sens de cette réprimande. C'est au même moment qu'un camarade de la classe de première est exclu parce qu'il rencontrait trop souvent, sur la cour de récréation, un camarade plus jeune que lui. Je resterai profondément marqué par cette sanction. Je ne comprends pas qu'on puisse réprimer une amitié !…

Cette éducation tout orientée contre le sexe va, plus ou moins consciemment, traumatiser ces jeunes garçons. Et c'est bien là que se forgent ces névroses qui perturberont plus tard la vie de certains de ces êtres devenus adultes… Le livre du docteur Pierre Solignac[2], psychanalyste, en est une terrifiante illustration.

---
[2] La Névrose chrétienne

Les années passent ainsi. Je suis loin d'être un génie intellectuel. J'avance sans éclat, de classe en classe, sans me poser de questions... Pour moi, je serai prêtre !...

J'ai dix-huit ans. J'arrive au terme de mes études au petit séminaire. Quelle orientation prendre ? J'interroge mon « directeur spirituel »
– Est-ce que ma vocation est bien celle du sacerdoce ?
Celui-ci me répond :
– Continue. Tu sauras bien un jour si ce n'est pas ta destinée.
L'homme n'a pas compris que la question qui se cache sous l'interrogation est celle du mariage ou du célibat imposé par l'Église à ses prêtres...

Imprégné par le désir profond d'être prêtre, je me laisse emporter par mon enthousiasme. Les choix, à cet âge, ne calculent pas ! Quand on s'engage, c'est, naïvement sans doute, pour la vie... On se dit qu'aucun obstacle ne pourra détruire ces choix de vie... Plus tard, je me dirai que mon conseiller spirituel ne m'a guère (et même pas du tout) aidé à regarder en face les contraintes du célibat avec ses moments de terrible solitude et le pesant fardeau du refus de la paternité... Contraintes qui, un jour ou l'autre, deviendront bien lourdes pour moi et, pour d'autres, impossibles à surmonter...

Il est difficile de discuter de ces questions-là avec les camarades. Pendant les récréations, on doit s'adonner aux jeux physiques organisés. Dès que deux ou trois élèves se regroupent dans un coin de la cour, aussitôt le surveillant intervient pour ordonner aux garçons de se disperser et de se remettre à jouer… Ces "éducateurs" redoutent tellement que ces adolescents aient des conversations "malhonnêtes" !… Mais cette surveillance implacable (on appellera ce surveillant "le hibou" car l'hiver, lorsque la nuit tombe de bonne heure, il arrivait à voir des garçons qui se regroupaient) ne parviendra pas à tout voir, à tout contrôler. Je me souviens d'avoir vu circuler, pendant des cérémonies religieuses, des revues pornographiques…

Rétrospectives

Premiers affrontements avec un monde étranger et tout autant étrange. Étrange sentiment de malaise. Quel est donc ce monde qui plonge dans un univers de ténèbres, d'impur, d'angoisses ?
Premiers sentiments de révolte. Appel à l'insoumission, à la rébellion, face à un monde qui me devient tellement éloigné de celui que j'ai connu jusqu'à ces jours…

- 3 -

Histoires de famille

C'est au cours de l'adolescence que je prends conscience de l'influence de la culture et du milieu dans lequel je suis né sur la manière de vivre au quotidien. Je mesure le fossé qui me sépare de certains camarades élevés dans un milieu urbain aisé. Je prends conscience que ma manière de me déplacer ou de m'habiller, par exemple, les fait sourire. Même si ce n'est pas par méchanceté, leurs quolibets sur le monde paysan m'humilient !

Alors je m'efforce de comprendre ce milieu paysan d'où je suis issu. Très vite, je m'aperçois que, dans mon village, chaque famille a son propre mode de vie et de pensée. J'en tire donc la conclusion que l'histoire de chaque famille a forgé un mode de vie qui lui est spécifique, même si toutes ont des comportements propres au monde paysan.

Je cherche donc à remonter l'histoire de mes parents. Et je suis surpris de découvrir qu'ils ont, chacun de leur côté, des ancêtres dont le style de vie faisait appel aux deux grands courants de l'évolution humaine : le nomadisme et le sédentarisme. Je suis bouleversé par cette découverte qui ne relève pas de mon imagination.

La famille de mon père était issue de cultivateurs. Ma mère nous révéla que ses ancêtres proches étaient des nomades venus de l'est de l'Europe. C'étaient des "Bohémiens", comme on disait, des gens libres et indépendants, sans cesse en déplacement.

Dans leur aspect extérieur, mes parents sont si différents. Mon père avec ses yeux d'un bleu lumineux et ses cheveux clairs et ma mère au regard de nuit profonde et cheveux d'ébène. Sa silhouette, à lui, était trapue et bien charpentée, tandis qu'elle était svelte et dépourvue de toute enveloppe superflue. Tous deux cependant étaient, à mon point de vue d'enfant, forts et tellement résistants à tout effort physique !
Leur regard, leur manière d'observer le monde et les personnes étaient si dissemblables aussi. Quand les yeux de mon père croisaient celui d'une autre personne, ils s'éclairaient d'une douceur, je dirais même d'une sorte de bonhommie, qui mettait chacun à l'aise. Jamais je n'ai vu le moindre éclair de méchanceté dans le regard de cet homme. Il s'imposait de ne jamais porter un jugement sur qui que ce soit. Son indulgence vis-à-vis de quiconque frisait, à mon point de vue, la faiblesse, le refus d'affronter la réalité. Les seuls moments de sévérité que j'y ai vus se sont manifestés quand, nous les enfants, avions fait quelque grosse sottise.
Le regard de sa femme était perçant, sans concession devant nos fautes ou face à des personnes qui lui paraissaient avoir tort ou étaient méchantes. Elle savait dépister les menteurs ou ceux qui tentaient de la tromper. Devant un affront ou une injustice, son regard devenait perçant, foudroyant.

Nous, les enfants, savions d'ailleurs à quoi nous en tenir ! Restes sans doute des traditions de ses ancêtres obligés de décrypter les gestes et les intentions des gens rencontrés sur les routes ! C'est d'elle que j'ai gardé ce sens critique qui parfois laisse croire que je condamne ceux qui ne me paraissent pas dans la bonne voie.

Je regarde, j'interroge, j'observe mon père. C'est un homme sans détour, droit, rigide même. Pour lui, on ne transige pas avec les règles établies, avec la morale, avec la religion. Il suit et nous oblige à suivre les obligations religieuses, comme il les observe lui-même, sans dérogations possibles. Ainsi, je me souviens de ces dimanches d'été où menaçait un orage. Il n'était pas question d'aller mettre le foin à l'abri car "on ne travaille pas le dimanche". Tant pis si la récolte est perdue ! Il interdisait même à ma mère de recoudre un bouton ce jour-là. La messe du dimanche ainsi que la prière du soir en famille étaient obligatoires.

Ma mère était tout à l'opposé, du moins dans sa conscience, car elle devait obéir au chef de famille et s'acquittait donc de toutes ces obligations. Mais au fond d'elle-même, c'était une "rebelle". Tout ce qui était intellectuel ou religieux ne comptait gère pour elle. En revanche, elle avait un sens pratique étonnant. Avec le moindre morceau de tissu elle confectionnait des vêtements, des poupées et autres jouets pour ses enfants. Ce n'était pas une grande cuisinière, mais elle savait toujours apprêter, avec les produits de la ferme, des repas qui nous régalaient. Elle se plaisait dans les champs. Elle avait une connaissance innée des plantes médicinales. Pas de médecin à la maison, sauf cas grave bien sûr. Le serpolet servait d'antibiotique. La pensée sauvage de dépuratif, le sureau de sudorifique, le miel de tonique et émollient. Et tant d'autres fortifiants qui nous remettaient debout pendant les hivers rigoureux… Une médecine qu'on devinait héritée de ses lointains ancêtres. Je me plaisais à rêver qu'elle avait eu quelque chamane dans sa famille itinérante ! Elle nous avait en effet révélé que sa famille était issue de nomades venus, selon les révélations de ses parents, de Roumanie ou d'un autre pays d'Europe centrale. C'étaient des "Bohémiens" comme on disait, des gens libres et indépendants…

Les tenues vestimentaires clinquantes, le maquillage l'indifféraient. Elle interdisait tout maquillage à mes sœurs. Elle leur disait : "Ciel pommelé, femme fardée ne sont pas de longue durée". Nos vêtements étaient confectionnés par ses soins sur quelque "patron" qu'elle relevait dans des revues données par des amies. Elle avait un étonnant sens des économies. Les sacs en papier ayant contenu sucre ou café étaient soigneusement rangés au fond du placard, ainsi que les moindres morceaux de ficelle. Quand on avait le bonheur d'ouvrir une boîte de sardines, elle gardait le récipient vide pour nous montrer comment en faire un ravissant petit chariot à l'aide de quatre rondelles de bouchon en guise de roue… Pas de jouets sophistiqués ! Son esprit était sans cesse en éveil pour que toute sa grande famille (nous étions six enfants) ne manque de rien.

Nous allions trois ou quatre fois par an rendre visite à ses parents qui habitaient à une dizaine de kilomètres dans une maison toute simple. Le mobilier réduit à sa plus simple expression, avait été confectionné par mon grand-père avec de simples planches. Les ancêtres "bohémiens" n'avaient pas laissé d'héritage bien sûr.

Lorsqu'il fallait prendre une décision, mon père semblait toujours hésiter. Il lui fallait prendre le temps de réfléchir. Il pesait longuement le pour et le contre. Il interrogeait les personnes qu'il jugeait compétentes. En aucun cas, cependant il ne prenait une décision qui n'était pas en concordance avec ses convictions religieuses. Je retrouvai bien là les fondations de ses ancêtres sédentaires. Quand il faut gérer la terre, il faut prendre le temps d'analyser les causes et les conséquences de la décision à prendre… Je garderai de lui cette prudence qui m'a souvent protégé, notamment face à mes éducateurs pédophiles, pendant la guerre en Algérie et les années que j'ai passées avec les "marginaux".

Ma mère avait une étonnante rapidité dans les décisions à prendre. On aurait dit qu'elle avait une intuition qui lui faisait faire les bons choix. Comme si elle avait le don de lire dans l'avenir et la pensée des gens ! Je pense qu'elle tenait cela de ses ancêtres nomades ; quand on est sans cesse sur les routes, on n'a pas le temps d'analyser les situations qui se présentent. Il faut décider vite… et bien si possible !

Comme ses parents étaient mon parrain et ma marraine, j'avais le privilège d'aller passer chez eux un mois pendant les grandes vacances. C'était un grand bonheur pour le petit enfant que j'étais d'accompagner la grand-mère garder ses deux chèvres au bord du chemin. Vers seize heures, on s'asseyait et elle sortait d'un cabas de belles tartines qu'elle recouvrait de beurre. Elle racontait quelques histoires du passé. Et je rêvais à ces paysages du grand est qu'elle évoquait et dont, sans doute, lui avait parlé son mari, ou plutôt ses beaux-parents… Mon grand-père était un homme très secret. Le rude peuple nomade ne parle pas avec des étrangers et ne se plaint jamais de ses maux ou blessures. Je crois que j'ai gardé ce sens de la discrétion concernant ma vie personnelle ainsi que ma répugnance à évoquer la souffrance…

Rétrospectives

Me voilà donc assis entre deux chaises, ballotté entre deux modes de vie, entre deux types de civilisation… Il va me falloir apprivoiser ces deux mondes ! Je tente de me faire un itinéraire de vie.
Je garderai de mon père, son sens sacré de l'honnêteté, de la probité. Pendant la guerre, on lui a souvent proposé de s'enrichir en faisant du marché noir. Il a toujours refusé. J'ai aussi été marqué par sa fidélité indestructible à sa foi chrétienne tout en contestant personnellement – et rejetant parfois – ce qui, dans la pratique, s'opposait à la liberté offerte par l'Évangile. Au cours de ma vie adulte, marqué par la personnalité de ma mère, je contesterai et m'opposerai parfois à ce qui, dans les institutions, tant éducatives que militaires, me paraîtra violer la justice et le respect des droits de l'Homme…

Ainsi le veut le grand adolescent que je suis. Ma personnalité sera celle de ces deux êtres qui m'ont engendré : rigueur et liberté, fermeté et refus de toute compromission. J'ai l'intuition que cela sera un dur combat, mais j'ai, en référence, la conduite de ces parents que, dans ma conscience d'adolescent, je considère comme des modèles sans faille.

- 4 -

Jeune homme

Au grand séminaire, les cours de philosophie trouvent chez moi, un écho favorable. La psychologie, surtout, me passionne... Mais on ne parle jamais de la sexualité, du mariage, du couple humain... En cours de sciences naturelles le sujet de la fécondité est abordé à mots couverts... Les séminaristes s'amuseront beaucoup à voir rougir le professeur auquel ils poseront des questions fort embarrassantes pour lui. Tous ces jeunes gens qui se préparent à vivre dans le célibat sont éduqués dans des vases clos, à l'abri du "monde", coupés du monde féminin qui est présenté parfois comme "l'ennemi" à éviter... La conscience, encore malléable et mal formée de ces jeunes gens va être totalement et presque irrémédiablement perturbée.

Lorsque arrive l'année de leurs vingt ans, les jeunes gens sont convoqués au chef-lieu de canton. Cette convocation porte le nom de conseil de révision. Tous les jeunes garçons du canton sont réunis dans une grande salle où on leur ordonne de quitter tous leurs vêtements afin de passer individuellement dans la salle voisine. Là, sont assis devant une longue table tous les maires des villages du canton. Au centre, un officier du service de santé des armées, en grande tenue, invite chaque homme à se présenter devant lui. Il pose quelques questions au jeune homme, manifestement mal à l'aise dans sa "tenue d'Adam"… Puis le conscrit passe toute une série de tests et autres examens médicaux au terme desquels il est déclaré officiellement "*Bon pour le service*" (ce que les jeunes hommes traduiront par "*Bon pour les filles*".) Certains, à leur grande honte, seront déclarés "réformés".

Alors que tous mes camarades plaisantent sur leurs attributs masculins, je me sens très mal à l'aise. On m'a tellement dit que montrer sa nudité était un très grave péché !…

À la sortie du conseil, un groupe de jeunes filles venues de tous les villages accueille les conscrits par des cris et applaudissements… Je profite du brouhaha pour m'éclipser discrètement. Le soir, à la nuit tombée, un bal réunira toute cette jeunesse. Je serai, bien sûr, absent. Au séminaire, on nous a déconseillé d'apprendre à danser et on nous démontre que les bals sont "lieux de perdition"…

Pendant les vacances d'été, dans mon petit village, beaucoup des gens des villes voisines viennent passer leurs vacances à la campagne. On les appelle "les villégiateurs". Les jeunes ruraux organisent des promenades pour faire connaître la beauté de leur cadre de vie habituel… C'est au cours de l'une de ces promenades que je rencontre une jeune fille pour laquelle j'éprouve rapidement une immense tendresse et une grande attirance. J'aimerai désormais me

promener avec elle, mais je ne lui parlerai jamais de mes sentiments… D'ailleurs, je mène un combat intérieur ardent pour repousser ces sentiments… comme on le répétait sans cesse au séminaire ! Je porterai longtemps (toute ma vie peut-être) le souvenir radieux de cette rencontre. Je ne regretterai pas cependant d'avoir choisi le sacerdoce… Mais restera, lancinante, la question : "Pourquoi le célibat obligatoire pour les prêtres ?" Cette question je la pose un jour à l'un de mes professeurs, pendant un cours de théologie. Le professeur, visiblement embarrassé, garde un long moment de silence avant de répondre :
– Le célibat, ça ne s'explique pas, ça se vit !

Les séminaristes sont déçus par la fuite de cet homme qui, normalement, devrait être leur formateur. Ils se taisent, sachant bien qu'ils n'auront jamais de réponse valable pour eux à cette question pourtant essentielle…

Et, d'année en année, on s'en va vers la prêtrise…

Rétrospectives

Premiers affrontements avec la sexualité, perçue comme un danger pour un célibat dont ne sait pas la finalité ou si peu !...

- 5 -

Maudite soit la guerre !...

Une coupure importante va marquer ce temps de formation. C'est le service militaire.
Surprenante expérience pour un jeune homme élevé en vase clos. Jusqu'à ce jour, je n'avais pas à me poser de question. Tout était organisé, réglementé, encadré. Aucune initiative personnelle...

Me voila, avec un habit militaire flambant neuf, dans une caserne toute neuve à Fribourg-en-Brisgau, en Allemagne. J'ai un peu de mal à communiquer avec mes nouveaux camarades dans la chambrée de dix jeunes appelés. Sur les dix conscrits, seul un camarade est originaire, comme moi, de la région lyonnaise. Les autres sont tous alsaciens. Ils parlent une langue que je ne comprends pas. Ils ne fréquentent personne et sont toujours ensemble. Ils boivent d'énormes quantités de bière. Ils s'esclaffent en de bruyants éclats de rire, dont on peut imaginer que ce ne sont pas des méditations spirituelles. Ils ont, en effet, épinglé au-dessus de leurs lits, chacun, toute une série de photos de dames bien peu, ou même pas du tout, vêtues.

Est-ce par bravade, je punaise une belle image de la Vierge Marie, tirée du petit missel que j'ai mis dans ma valise. Comme pour répondre à cette provocation, un camarade me demande :
– C'est ta pin-up, ça ?
– En quelque sorte oui…
– Elle n'est pas mal… Peut-être seulement un peu trop habillée !…
Voulant pousser plus loin ce que je considère en quelque sorte comme un test, juste avant l'extinction des feux, alors que mes camarades braillent au cœur de la chambrée en buvant les dernières bouteilles de bière, je me mets à genoux au pied de mon lit et, la tête dans les mains, je me mets en prière… Curieusement, un grand silence se fait… Et il en sera ainsi chaque jour jusqu'à la dissolution de cette chambrée, trois mois plus tard.

Une période de trois mois suit l'incorporation. Temps d'activité intense. Lever de très bonne heure, suivi d'une demi-heure de footing en tenue de sport. Déjeuner suivi du ménage dans les chambres. Une demi-heure de travaux collectifs par équipes et concernant la propreté des lieux communs : W.-C., salles d'eau, abord des bâtiments, etc. Puis séances d'entraînement au tir, instruction théorique et pratique…
Ces activités se déroulent dans un climat de tension énorme sous les aboiements d'un sous-officier et d'un caporal de carrière… Je supporte très mal le comportement de ces hommes qui ne manifestent aucun respect pour leurs subordonnés. Un jour, je déclare clairement mon mécontentement à l'égard d'un sous-officier qui usait ouvertement et habituellement de passe-droits vis-à-vis des

conscrits plus anciens. Je serai traduit devant le commandant et condamné, en guise d'avertissement, à quinze jours de prison avec sursis.

Devant ces actes que je considère comme injustes, je me révolterai souvent, mais plus discrètement, intérieurement, sans manifestation devant des gradés. Toute ma vie, je garderai ce bouillonnement intérieur, cette révolte face à l'injustice…

Ainsi passent les mois de formation… Puis, un jour, on apprend que le régiment qui est dans la même ville que nous doit partir, avec armes et bagages, dans les jours qui suivent pour aller combattre en Algérie.

Quelques semaines plus tard, ce sera mon bataillon qui devra prendre la même direction…
L'énorme train qui transporte tout, matériel et hommes, se dirige vers Marseille. Il mettra presque deux jours pour atteindre son but, étant obligé de s'arrêter souvent sur des voies de garage dans les gares pour laisser passer les trains réguliers. Dans une de ces gares, les soldats descendent des wagons et manifestent une sorte de mini-rébellion. Les officiers désignent, dans chaque wagon, un homme, apparemment pris au hasard, pour faire monter leurs camarades dans les wagons. Un gradé hurle :
– Vous serez personnellement responsables de l'attitude de vos camarades et très sévèrement punis en cas de désordre…
Et me désignant du doigt, il s'adresse à moi :
– Vous serez responsable de votre wagon !…

Comme j'ai rapidement acquis la sympathie de mes camarades, tous, pour éviter que je sois puni, regagnent les véhicules et le train repart… jusqu'à Marseille.

Marseille !… Camp Sainte Marthe ! Un entassement hétéroclite de soldats de toutes unités : nouveaux arrivés, en partance pour l'Afrique du Nord ; anciens rentrant de l'enfer, le visage hâve, tendu, noirci par le soleil et les insomnies… En les voyant déambuler entre les bâtiments comme des automates, sortes de zombis, mes camarades et moi commençons à comprendre qu'il ne s'agit pas seulement de "pacification", de simple "maintien de l'ordre" comme nous l'ont dit nos officiers. Ces "rentrants" ne veulent pas répondre aux questions des "partants". Ils se contentent de dire :
– Vous voyez, on est revenus !… Vous verrez bien là-bas ! Bonne chance !…

Les deux années et demie passées au service militaire vont marquer profondément toute ma vie, surtout le temps passé en Algérie. Débarqués à Alger, les jeunes conscrits sont conduits vers le lieu où ils devront "maintenir l'ordre". Grâce à mon grade de caporal, j'ai dû prendre place à côté du chauffeur du camion de tête du convoi où sont assis mes camarades sur des banquettes de bois. Le chauffeur qui a déjà de longs mois de présence en Algérie roule à vive allure sur la route droite qui sillonne la plaine de la Mitidja. Tout à coup, il m'interpelle :
– Tiens ! Regarde le bougnoule là-bas !
En effet, sur le bord de la route, un homme marche, une pioche sur l'épaule.

– Oui, je vois un homme qui revient sans doute du travail dans ses champs…

Il est, en effet, à peu près midi. Je vois, avec effarement le GMC prendre de la vitesse. Le moteur hurle. Le véhicule fonce à toute vitesse sur l'homme qui, tel un fétu de paille, est projeté en l'air et retombe dans le fossé sur le côté de la route.

– Mais, tu es fou !… Tu as tué un homme !…

– Ça en fera un de moins, se contente de me répondre le chauffeur. Tu es un bleu, mais tu auras vite compris que plus on élimine de ces mecs, moins on aura de morts chez nous !

Ainsi est mon premier contact avec ce pays où règne la guerre.

Le camion s'arrête dans la cour d'une ancienne ferme désaffectée. Les propriétaires sont partis en métropole pour échapper aux combattants du FLN qui exécutent la plupart des colons demeurant encore sur leurs fermes.

Les nouveaux arrivants sont conduits dans une ancienne grange où l'on affecte à chacun une sorte de lit pliant en toile, appelé lit Picot…

C'est la guerre. Isolé au cœur du djebel, je ne serai guère en contact avec la population. Je suis profondément choqué. Mon capitaine, lorsque l'ordre avait été d'embarquer pour l'AFN, m'avait dit:

– Vous vous préparez à devenir prêtre. Là-bas, vous pourrez vous entraîner à votre ministère. Il y a beaucoup à faire pour pacifier ces peuples qui, ne l'oubliez pas, sont des Français…

Très rapidement, je comprends que ce mot de "pacification" employé à tout propos cache une autre réalité qui, un jour, avait été très bien évoquée par un sous-officier de carrière :
– Lorsque vous devrez participer à une opération de ratissage, dès que vous voyez bouger quelque chose, vous tirez… Ensuite, on ira voir ce que c'était. Parfois c'est une chèvre ou un mouton, d'autres fois ce sont des hommes. Comme on ne sait pas si ce sont des fellagas ou non, il vaut mieux éliminer tout ça avant de se faire dérouiller !…
Je suis terrifié par un tel langage… Je m'apercevrai rapidement que ces consignes du chef devront être exécutées à la lettre… Je me verrai souvent ridiculisé devant mes camarades par ce chef qui "n'aime pas les curés", comme il l'affirme fièrement avec ses hommes… Mais ce sous-officier de carrière, ancien combattant en Indochine, admiré pour son courage lors d'accrochages avec les fellagas, ne recueille pas l'estime des appelés lorsqu'il tente de "déstabiliser" le curé en se moquant de la religion. Je me rendrai rapidement compte que, face au danger, bon nombre de mes camarades recherchent, dans la religion, comme une protection divine.

Ainsi, un jour, un homme du "commando", sélectionné parmi les "durs" de la compagnie, vient me trouver :
– Hier, au cours d'une opération de "nettoyage" dans un douar, j'ai perdu la médaille que m'avait confiée ma grand-mère pour me protéger… J'ai peur !…. C'est un mauvais présage : je vais être tué sans cette médaille…
Le lendemain, le chef du commando qui avait remarqué la morosité du soldat, organise, avec sa section une opération de "corvée de bois". Le soldat me raconte :

– On est parti dans la montagne avec un "suspect" dans les camions. Arrivé en haut d'un col, l'adjudant nous fait tous descendre. Il nous fait mettre sur deux rangs. Le suspect est amené face à nous. Puis il me fait placer derrière l'Algérien, tire son poignard de sa guêtre, me le donne et m'ordonne d'égorger l'homme. Comme j'hésite, bien sûr, il me dit que c'est un ordre. Alors, me plaçant derrière l'homme, je prends son buste avec ma main gauche, comme je l'ai vu faire et place le poignard sur la gorge du suspect avec ma main droite. J'hésite encore à effectuer le geste définitif. L'homme tourne la tête vers moi et, calmement me dit : "Sais-tu pourquoi tu vas me tuer ?". Je vais paniquer, l'adjudant le voit bien, alors dans un hurlement il ordonne : "Exécution immédiate !"

Le mois suivant, au Journal Officiel, on pourra lire la citation suivante : "Le soldat X. au risque de sa vie, a éliminé une sentinelle ennemie, sauvant ainsi la vie de ses camarades engagés dans une opération du maintien de l'ordre dans un secteur particulièrement difficile". Ce soldat, sera ainsi décoré, pour ce geste de bravoure, comme le sont déjà la plupart de ses camarades du "commando"!… Ce sous-officier, à la tête de ce commando, se vantera souvent d'avoir une section particulièrement efficace dans sa lutte contre l'ennemi… Mais à quel prix ?….

Outre le "commando" entraîné pour les interventions "musclées" et rapides, à toute heure du jour et de la nuit, une autre unité, formée pour la plupart d'hommes nés sur le territoire de l'Algérie et parlant l'arabe, est chargée des opérations de renseignements. Ce sont ces hommes qui utiliseront la torture. Quand je m'en étonne auprès de l'un ou l'autre de ces soldats qui sont aussi mes compagnons, ceux-ci ont tous la même réponse :

– Il faut bien soutirer des renseignements aux hommes que nous avons capturés. Il ne faut pas se faire d'illusion, ils savent tous quelque chose… En leur extorquant des renseignements sur ce qui se prépare contre l'une ou l'autre de nos unités, on sauve souvent des gens de chez nous. La torture n'est qu'un moyen, pas un but !…
– C'est encore heureux… dis-je. Mais les conventions internationales, qu'en faites-vous ?
En réponse à cette question, je n'obtiens, qu'un haussement d'épaules… ou un branlement de tête souligné par un sourire qui semble dire : pauvre petit naïf !…
Quelques mois après mon arrivée en Algérie, je suis nommé sergent. Je vais désormais avoir la responsabilité d'une petite section. Je devrais organiser des tours de garde et assurer moi-même des patrouilles de nuit. C'est au cours de l'une d'entre elles qu'un homme se présente au camp avec une fillette dans les bras.
– C'est Aïcha, ma petite fille. Elle est blessée par un obus de chez vous. Il faut la soigner..
L'enfant de cinq à six ans a une profonde blessure à la gorge. On voit palpiter sa carotide. Une autre blessure, toute petite, au niveau du nombril… Le médecin du camp, appelé, déclare que la blessure à la gorge n'est pas mortelle. Lorsqu'il palpe l'autre blessure, un peu de sang s'écoule des lèvres de l'enfant. Comme j'ai suivi quelques cours de secourisme avant de partir à l'armée, je déclare, sûr de moi :
– Si du sang sort de sa bouche, c'est que le péritoine est touché. Il faut la conduire à l'hôpital…
– Où était-elle quand elle a été blessée, demande le médecin au père ?
– Au bord de l'oued, répond le père.

– Alors c'est tout simplement que la petite a mangé des mûres. Il n'y a pas lieu de s'inquiéter. Je rentre chez moi. Je repasserai demain…

La fillette a été déposée sur un lit de camp. Le papa est rentré chez lui, rassuré par les paroles du médecin. Vers 22 heures, je vais la voir. En passant près d'elle, je vois un liquide rouge s'échapper de ses lèvres. Cette fois, ce n'est pas de la mûre, mais bien du sang qui filtre de la bouche. La couleur est claire et, comme j'ai bien souvent mangé des mûres dans mon enfance, je connais la couleur noire de ces baies.
Je réveille mon compagnon de lit le plus proche :
– Jean !… Jean !…La petite fille va mal. Viens… Je vais aller voir si le capitaine est chez lui. Reste près de la fillette. Essaie de la calmer car elle semble beaucoup souffrir. Elle est très agitée…

Je m'en vais vers la maison proche de celle où a été établi notre cantonnement. La fenêtre du capitaine est encore éclairée. On entend même le crépitement d'une machine à écrire. Je m'enhardis et frappe à la porte.
– Qu'est ce que c'est ?
– Mon capitaine, c'est le sergent Étienne. Puis-je entrer ?
– Bien sûr !

La maison où le capitaine est installé est une ancienne villa de colon. Elle appartenait à un couple de personnes âgées qui a émigré vers la Corse où il avait de la famille. Cette petite maison est coquette et on voit encore sur les murs la trace de photos ou tableaux que ces gens ont emportés avec eux dans leur exil. Je pense : quelle tragédie pour ces

personnes ! Tout abandonner précipitamment de ce qui fut leur vie et, sans doute, leur bonheur !…
– Mon capitaine, vous savez qu'une fillette a été blessée par un de nos obus. Elle est au plus mal. Le médecin est reparti. Il faut la faire hospitaliser.
– Aucun véhicule ne pourra parcourir les trente kilomètres qui nous séparent de Blida sans se faire mitrailler
– Mais l'ambulance de la compagnie, mon capitaine !…
– Vous savez bien que les fellagas ne respectent rien !
– On ne peut pas laisser mourir une enfant innocente… et surtout blessée par nos propres obus…
– N'insistez pas ! Je ne peux pas prendre ce risque !
– Si, mon capitaine, j'insiste et je suis prêt à partir, avec la jeep, comme pour faire une patrouille… Nous faisons ces déplacements presque toutes les nuits… Mon camarade Jean m'accompagnera, j'en suis sûr. Il a une petite fille en métropole…
– Si vous me dites que vous allez faire une patrouille, je ne peux m'opposer. Ça fait partie de notre mission… Mais je pense que c'est de la folie !… Et s'il vous arrive quelque chose, je ne savais rien !
– J'ai Dieu avec moi, mon capitaine !…
– N'ironisez pas Étienne… On ne joue pas avec le divin !…
– Si vous aviez de la foi, gros comme une graine de sénevé, vous déplaceriez les montagnes !…
– Oui, je connais cette parole de Jésus-Christ… Faute de pouvoir déplacer les montagnes, contentez-vous de passer par-dessus, jusqu'à Blida…

Je savais que je pouvais parler ainsi à ce capitaine en qui j'avais totalement confiance car il était, pour ses hommes –

et même au cœur de la guerre – un homme de valeur… et profondément chrétien.

Je prends délicatement l'enfant dans mes bras et m'assieds sur le siège de la jeep. Jean, le chauffeur, a pris le volant. Le véhicule, rapidement, prend la direction de Blida, la ville la plus proche. Une trentaine de kilomètres dans la plaine de la Mitidja couverte d'orangers et de vignes. Cependant, au plein cœur des vergers, une petite forêt semble barrer la route au véhicule.
– Étienne. C'est là qu'ont lieu les embuscades contre nos véhicules. C'est le moment de faire une prière. Ce sont peut-être les dernières minutes que nous vivons !…
La jeep a parcouru guère plus de cent mètres. Étienne crie littéralement à son compagnon :
– Fonce, Jean ! Fonce !…
Sur le côté droit de la route, les restes d'un véhicule militaire éventré rappellent aux deux hommes les dangers de ce parcours. Aussi, est-ce avec soulagement que les hommes sortent du bois…
Je me suis souvent demandé ce qui nous avait protégés ce jour-là. Est-ce notre foi, notre prière ? J'ai pensé aussi que les fellagas avaient été avertis que nous transportions une enfant arabe et que l'ordre avait été donné de ne pas attaquer notre véhicule. Pas impossible. J'ai vu tellement souvent l'efficacité et la rapidité du fameux "téléphone arabe", ces messages qui courent de maison en maison, de sommet en sommet, de grotte en grotte !… Que de fois nous sommes partis — même en pleine nuit — pour boucler un douar dans lequel on nous avait signalé la présence de fellagas, que nous avons trouvé vide en arrivant !… Je garde encore un de ces petits miroirs que les rebelles utilisaient pour s'envoyer

des messages solaires d'un pic à un autre dans la montagne...

Il est près de minuit quand le véhicule aborde les premières maisons de Blida. L'hôpital militaire est très nettement indiqué. Il suffit aux deux soldats de suivre les pancartes. Jean stoppe son véhicule devant l'entrée principale. J'en descends, portant la fillette inanimée dans mes bras. Je sonne à la porte principale. Une dame vient m'ouvrir :
– Qu'est-ce que c'est ?
– C'est pour cette petite fille qui a été gravement blessée par un de nos obus. Il faut l'opérer.
– Le major est couché. Il a déjà eu une rude journée.
– Mais Madame la petite va mourir si elle n'est pas opérée !
– Et alors ! Qu'est-ce que vous voulez que j'y fasse...
Et, en refermant la porte, elle gémit :
– Si ce n'est pas honteux de risquer la vie de deux soldats de chez nous pour une petite bougnoule...
– Mais, Madame, dites-nous au moins où il y a un médecin...

Nous avons enfin trouvé la maison que la femme a daigné nous indiquer. Dans mes bras, la fillette s'est éveillée. Elle gémit lentement... puis subitement pousse un long soupir en ouvrant grands ses yeux sur le visage de cet homme qui a tout fait pour la sauver. Il a semblé au soldat qu'elle voulait lui dire merci...
Je retourne à la jeep où m'attend mon compagnon. Je dépose mon précieux fardeau sur la banquette arrière du véhicule et je m'effondre sur le tableau de bord...
– Jean ! Qui sommes-nous donc pour laisser mourir une enfant que nos propres armes ont blessée ?...Sommes-nous des monstres ?...

– Allez, Étienne. On va essayer de retourner à la compagnie sans se faire buter !...

Le véhicule est rentré au bercail sans encombre. Au matin, je fais mon rapport à mon capitaine.
– Me voilà rassuré. Mais c'est un vrai miracle que vous ayez fait tout ce parcours, aller et retour, sans encombre !
– Je vous avais bien dit, mon capitaine, que Dieu était avec nous !
– Il y a peut-être aussi l'efficacité du "téléphone arabe". Les fellagas ont certainement eu vent de ce qui s'est passé ici par le récit du père !...
– Nous y avons pensé nous aussi...

Quelques semaines plus tard, on amène à l'infirmerie une toute jeune femme, plutôt une adolescente, exsangue, évanouie. Une femme l'accompagne.
– C'est ma fille. Elle perd tout son sang. Il faut la soigner.
Le docteur du camp l'examine en présence de la femme qui lui interdit d'enlever les habits de sa fille, car il est un homme. Il demande où demeure la malade. Le médecin apprend qu'elle habite une mechta en plein bled. Une seule pièce où s'entasse, la nuit, toute la famille. Le docteur parle à mi-voix au capitaine. J'entends :
– C'est un avortement... Pratiqué avec les moyens du bord... Les incestes ou relations sexuelles entre frères et sœurs sont assez fréquentes. Il faut l'emmener à l'hôpital. Mais, à mon avis, elle n'arrivera pas vivante à Alger.
Le capitaine me donne l'ordre d'accompagner la victime. Cette fois, on a pris l'ambulance de la compagnie... "Sans doute la mort de la petite Aïcha y est pour quelque chose !" La jeune fille succombera dans l'ambulance... J'aurai peu

d'occasion de rencontrer des femmes dans ce pays où elles ne sortent que rarement à l'extérieur de leurs maisons, sinon le visage couvert d'un long voile. Cependant, au cours d'opérations de fouilles dans les douars, j'en verrai quelques-unes, terrifiées et recroquevillées dans un coin de la maison, mère de famille et filles, entassées les unes contre les autres. Parfois, au cours d'une de ces perquisitions-surprises, elles n'ont pas toutes le temps de s'enfermer dans leur mechta.
Je me souviens. C'était au cours d'une perquisition dans un douar. Une toute jeune femme, encore adolescente, tenait dans ses bras, un bébé et, espérant éviter encore un viol, le présentant aux soldats en criant :
– C'est un petit Français… Un petit Français…
Combien de ces enfants sont nés de ces violences militaires ?…

Au cours des longues nuits de garde, je m'interroge : est-ce là le visage de ces femmes si dangereuses pour la vertu du futur prêtre ? Je conçois pour elles beaucoup plus de compassion, de honte, de souffrance que de fantasmes séducteurs !…

Des fantasmes, beaucoup de mes camarades les expriment sans pudeur. Bien souvent, les conversations manifestent la frustration de ces hommes privés de femmes. Aussi, pour "maintenir le moral des troupes", l'institution militaire met à la disposition des soldats, une fois par mois, un B.M.C. Ce **B**ordel **M**ilitaire de **C**ampagne est un camion aménagé en quatre chambres où des "filles" sont à la disposition des soldats qui souhaitent en rencontrer une.

Quelle tristesse pour moi de voir ces jeunes gens, dont certains sont mariés et pères de famille, se battre pour arriver en bonne place dans la file qui se range devant le camion.

Ce comportement qui manifeste une sorte de "dépersonnalisation" se rencontre aussi dans le quotidien, au cours de ce conflit algérien. Ainsi, une nuit où je fais une ronde avec Jean, trois hommes du service de renseignements, que l'on nomme entre nous "service de tortures", ramènent dans les anciennes cuves à vin dont j'ai la garde, un "suspect" qui vient d'être interrogé. L'homme qui ne peut plus se tenir debout est traîné par le col de sa chemise toute maculée de sang et jeté dans la fosse où on le trouvera mort au matin. Jean s'adresse au chef de la petite section :
– Quand vas-tu me laisser un de ces mecs pour que je lui tranche la gorge. Tu me l'as promis, tu t'en souviens !
Ce qui me terrifie c'est, bien sûr, la barbarie que manifeste mon compagnon, mais cela me paraît d'autant plus effroyable que le matin même, ce soldat m'avait informé de la réception d'une lettre de sa femme l'informant de la naissance de leur premier enfant. Jean exultait à l'annonce de cette nouvelle et le même jour, il demande à trancher la gorge d'un homme !…

Les tortures !… Qui a prétendu qu'elles n'ont pas existé pendant cette guerre en Algérie ? Dans mon secteur, c'est dans un ancien cuvage que les suspects étaient gardés. Ce bâtiment comportait une profonde fosse d'environ dix mètres sur quatre et trois mètres de profondeur. Il n'était guère facile de s'en échapper car les murs étaient lisses et un soldat en armes montait la garde jour et nuit. À côté de cette fosse, trois cuves devaient contenir, avant la guerre, le jus des raisins pressés en état de première fermentation. Ces cuves étaient très profondes et mesuraient environ deux mètres de côté. Elles étaient fermées par de lourds couvercles en béton. C'est là que croupissaient les suspects considérés comme les plus dangereux et qu'on extirpait, un par un, pendant la nuit pour les interroger. Ces interrogatoires se pratiquaient dans une salle interdite aux soldats et étaient faits par le service des renseignements. Si les soldats n'avaient pas accès à ce bâtiment, les sous-officiers comme moi pouvaient pendant nos rondes de nuit, entendre les cris et gémissements qui traversaient les murs du local... Et il m'est arrivé, au cours de l'une ou l'autre de ces rondes, de rencontrer un de ces suspects, défiguré et sanguinolent, que deux hommes reconduisaient ou plutôt traînaient en direction de l'une des cuves où la plupart mouraient avant le lever du jour...

Parfois des hommes étaient enlevés du cuvage et reconduits au-dehors par quelques soldats de la compagnie. Pendant longtemps, je n'ai pas compris pourquoi. Est-ce que ces hommes avaient été reconnus non coupables ? Pour certains sans doute... Mais plus tard, ayant établi des liens d'amitié avec un des membres du commando, j'appris que ces hommes étaient conduits dans la forêt sur les flancs de la montagne et exécutés en représailles de quelque coup de main des fellagas. C'est ce qu'on appelait "la corvée de bois"... Parfois, les familles des hommes exécutés n'avaient pas le droit, sous peine de mort, de venir chercher les cadavres. Ceux-ci étaient dévorés par les renards et les chacals. C'était imposer aux familles une double peine car, pour un musulman, la personne qui n'a pas eu de sépulture ne peut avoir accès au paradis.

Rétrospectives.

La boîte à coton dans laquelle, au petit séminaire, mes maîtres voulaient nous garder bien à l'abri du monde se fissurait de plus en plus... Déjà la journée passée au chef-lieu de canton pour le conseil de révision m'avait perturbé. On m'avait tellement répété qu'on ne devait jamais se dénuder devant une autre personne !...
Et maintenant, la guerre bousculait les règles de la morale que j'avais reçues : "Tu ne tueras pas... Tu aimeras ton prochain... même ton ennemi..." Et voilà qu'on m'oblige à prendre les armes contre d'autres hommes... Et voilà que des camarades utilisent la torture pour faire parler d'hypothétiques ennemis... Et me voilà mêlé à des hommes qui font fi de toute loi morale, qui fréquentent des bordels, qui violent des femmes, des adolescentes, voire de jeunes enfants... qui massacrent des femmes et des vieillards sous le prétexte qu'ils ont ravitaillé des fellagas...

Ils sont bien rares ceux qui échappent à ce terrible engrenage !... Heureusement pour moi, un jeune appelé, originaire d'Auvergne est profondément imprégné d'évangile. Apprenant que je suis séminariste, il me confie qu'il fait partie d'un mouvement chrétien dans son village, la J.A.C...[3] Ce jeune soldat a toujours un comportement remarquable vis-à-vis de la population locale. Par exemple, il porte chaque semaine son linge à laver à deux femmes

---

[3] Jeunesse Agricole Catholique. Qui deviendra plus tard le M.R.J.C. Mouvement Rural des Jeunes Chrétiens.

dont les maris ont été exécutés comme fellagas et qui n'ont plus de quoi élever leurs enfants. Ce garçon leur verse une petite compensation pécuniaire. Il se moque des quolibets de ses camarades… Il se rend avec moi à la messe le dimanche dans l'église la plus proche. Là encore, les moqueries des camarades ne sont pas rares !… L'amitié de ce camarade est d'un grand soutien pour moi qui me sens de plus en plus perturbé par l'ambiance d'immoralité et de violence qui règne dans la compagnie…
C'est avec lui que je me rends chez le curé du village. Celui-ci souhaite nous faire rencontrer un riche propriétaire de la région.
– Je considère cet homme comme un bon colon, dit le prêtre. C'est aussi un bon pratiquant. Je lui ai parlé de vous. Il nous invite tous les trois chez lui un dimanche. Posez une demande de permission et signalez-moi la date.
Le jour convenu les deux soldats se rendent chez le curé. Celui-ci les invite à monter dans sa voiture. Le véhicule quitte bientôt la route et se faufile entre les rangs de vignes et d'orangers. Les deux compagnons s'inquiètent :
– Vous n'avez pas peur, Monsieur le curé ? On pourrait bien être pris dans une embuscade…
– Ne craignez rien ! Les Arabes de la région me connaissent. Ils savent que je suis un marabout et ils respectent toujours les hommes de religion…
En effet, après une heure de route, le véhicule s'arrête devant un énorme portail. La ferme est entourée de hauts murs. Le prêtre actionne une petite cloche près de la porte. Quelques minutes plus tard, une jeune Algérienne accompagne les trois hommes jusqu'au perron d'entrée. Le maître des lieux les attend et les invite à entrer dans la superbe villa.

Apéritif, repas copieux aux mets délicats, nombreux serviteurs et servantes... Je suis subjugué... Par esprit de politesse, l'homme des lieux s'adresse d'abord au prêtre, lui demandant des nouvelles de sa paroisse... Puis, se tournant vers moi :
– Sergent, je ne vous demanderai pas ce que vous pensez de ce pays, de la colonisation, de l'esclavage dans lequel nous tenons les Algériens... Tout cela vous l'avez sans doute assez entendu relater... Je vais vous dire comment nous vivons ici, dans cette grande propriété de six cents hectares dont la moitié est cultivée en vignes et l'autre en orangers.
En effet, nous avons admiré les orangers courbant sous le poids des agrumes. Avec mon camarade qui est, comme moi, d'origine paysanne nous avons manifesté notre étonnement devant la grosseur des fruits. En métropole, les oranges qui arrivent sur les marchés sont de calibre bien inférieur...
– Mon jeune ami, j'ai d'abord remarqué avec joie que vous avez employé le terme de métropole et non de France comme le font la majorité des soldats qui arrivent. En effet, nous considérons cette terre comme terre de France ainsi que le veut la République... Mais revenons à nos moutons. J'ai une centaine d'ouvriers agricoles locaux. Et je me trouve devant un grave dilemme. Éduqué dans les valeurs chrétiennes, qui sont aussi celles de la République, j'ai voulu rémunérer les ouvriers selon les barèmes français. Je me suis rapidement trouvé devant une situation impossible. Sur la terre algérienne la coutume veut que les salariés soient payés à la semaine. Or je me suis vite trouvé devant une absence d'ouvriers qui augmentait de jour en jour. Leur raisonnement est simple : " Tu nous donnes telle somme par jour. Si au bout de dix jours, cette somme nous convient

pour vivre pendant le reste du mois, pourquoi ferions-nous des jours supplémentaires ?..." Je dois donc régler un salaire selon les besoins des hommes et non selon le barème national... C'est un énorme problème ; une sorte d'injustice. Mais cela semble convenir à tous les ouvriers qui ne viennent travailler qu'en fonction de leurs besoins.

En rentrant au campement les deux amis sont bien perplexes face à la situation de ces riches colons. Une question les taraude : la France a-t-elle vraiment cherché à préparer ces peuples à la civilisation qu'elle proclamait ?...

La vie continue avec son lot de rondes, de patrouilles, de ratissages, de gardes des fortins... D'embuscades parfois avec les cris de douleurs, des hurlements d'attaques, le silence subit d'un garçon de vingt ans fauché par la mort !... Les fortins ! Un grand mot pour désigner de simples trous circulaires de trois à quatre mètres de rayon, à quelques dizaines de mètres du campement. Un homme doit pouvoir s'y tenir debout jusqu'à hauteur de poitrine. La terre a été déposée sur le rebord du trou, formant une protection pour le buste du veilleur. Seule la tête dépasse. Une compagnie peut disposer, en moyenne, de six à dix de ces fortins tout autour des différents campements. Certains de ces mini-forts sont surmontés d'une tour métallique équipée de puissants projecteurs et de mitrailleuses lourdes.
Ah ! Ces gardes dans les fortins, la nuit surtout ! L'angoisse de l'attente, le frisson de terreur quand, tout près, un bruissement dans un buisson : ennemi, chacal, chien errant ! Et la lourdeur des paupières qui se ferment malgré soi et qu'il faut tenir ouvertes car la vie des copains en dépend peut-être... Ces gardes de nuit sont confiées aux soldats

sans grade. Les sous-officiers doivent assurer des rondes entre ces fortins. Ces hommes qui patrouillent seuls sont souvent en grand danger. Je me souviens d'une de ces nuits où j'assurais ces rondes. Je longeais une haie de cyprès lorsque j'entendis des bruits de l'autre côté des arbustes. On dit que "la peur paralyse" et c'est bien ce que je ressentis. Pendant plusieurs secondes je fus incapable de crier le "qui va là ?" ni même d'armer mon pistolet-mitrailleur. C'était sans doute des chacals ou des chiens errants, car, s'il s'était agi de fellagas, j'aurais été mitraillé avant d'avoir pu faire un geste. Terrible expérience de la fragilité de la vie !...
La guerre rappelle à chaque instant, à chaque minute de la nuit comme du jour, cette fragilité de la vie. Un jour, toute la compagnie a été rassemblée. Le capitaine annonce :
– Un groupe de fellagas a été signalé en direction de ce piton. (L'officier tend le bras dans la direction). Nous allons l'encercler. Un homme tous les dix mètres. En avant…
J'ai reçu la mission de suivre l'oued avec mes hommes. Le ruisseau à sec est bordé d'un taillis de lauriers roses encore en fleurs. Le spectacle est ravissant, mais on avance prudemment, chacun écartant du canon de sa mitraillette les arbustes qui sont sur le passage. Soudain, un claquement sec qui se répercute de bosquet en bosquet. Un coup de fusil, suivi d'un cri, terrifiant, pathétique :
– Maman !…
– C'est Philippe, crie le soldat le plus proche de la victime.
Déjà deux soldats ont encerclé le buisson. Une rafale de mitraillette. Un autre cri suivi d'une sorte de jubilation :
– On l'a eu, le salopard !…
Le salopard est un garçon d'une vingtaine d'années, comme Philippe. Les deux corps inanimés gisent, tout près l'un de l'autre. Je ne peux m'empêcher de crier :

– Quelle saloperie la guerre ! Quelle connerie cette guerre !
Et je pense : demain deux mamans pleureront, inconsolables!…

Vient le 30 mai. Fête de Jeanne d'Arc. Une messe sera célébrée au bataillon par un aumônier militaire, venu pour l'occasion de Blida… Le sermon va durer plus d'une demi-heure. Il ne sera pas question de Jésus-Christ, mais seulement de cette "grande sainte, héroïne de France"… Puis un appel vibrant à tous les jeunes soldats présents, les invitant à se battre jusqu'à la mort pour garder l'Algérie française. Il termine en déclamant solennellement :
– Si la France quitte les territoires d'Algérie, c'est toute la civilisation chrétienne, tout le christianisme qui sera en péril de mort !"
Je suis écœuré. Certains de mes camarades ne se privent pas de critiquer :
– Bravo, ton curé ! Comme discours politique on ne fait pas mieux !…
D'autres sont favorables à l'Algérie française…
Je me souviens de l'enseignement de mes maîtres au petit séminaire, affirmant la grandeur de la France colonisatrice qui apporte la foi à tous les peuples… Je pense, en même temps à ces hommes, à ces femmes qui se battent, qui donnent leur vie, pour que leur terre soit libre et indépendante. Leur guerre n'est-elle pas légitime ?…

Un homme, Hamed, m'a profondément marqué. Était-il fellaga ? Ne l'était-il pas ? Je n'ai jamais cherché à le savoir. Cet homme tenait un petit commerce d'épicerie. Une grande estime existait entre nous. On ne parlait jamais de la guerre. J'étais invité à venir boire autant que je le voudrais un thé à la menthe dans son estaminet. Mes visites étaient au moins hebdomadaires.

Un jour, lorsque j'entre dans l'épicerie, je vois, assis sur un grand sac de pois chiches, le plus jeune des garçons de Hamed. L'enfant tenait une ardoise sur ses genoux et écrivait :
– Je suis… Tu est… Il…
Je l'interpelle :
– Je crois que tu as fait une faute…
– Ah, oui !…
Et le garçon corrige : "Je suis, tu es…
– Bravo. Sois un bon élève…
Lorsque je m'approche de la banque, l'homme me dit :
– Je mangerai des pois chiches tous les jours s'il le faut, mais mes enfants apprendront à lire et écrire… Tu vois, moi je ne sais pas… Je me rends bien compte que des fournisseurs me roulent, mais je ne peux pas lire ce qu'il y a sur les factures…

Je sais maintenant que le commandement du Christ, le commandement de l'Amour n'est pas aussi simple qu'on me l'enseignait. À la guerre, on me dit qu'il faut aimer sa patrie, ses compatriotes de métropole et éliminer tous ceux qui font obstacle…
Mais comment ne pas admirer, aimer, ceux qui donnent leur vie pour les leurs ?…

Ces questionnements – autant que les opérations quotidiennes – sont en train de bouleverser toute la structure intérieure du jeune homme que je suis et qui voyait la vie comme un paisible chemin, avant d'arriver à l'armée…

Rétrospectives

Entré dans l'univers de la guerre, avec ses horreurs, ses crimes, la déshumanisation qu'elle entraîne, un immense sentiment de révolte, d'opposition aux ordres de chefs sanguinaires et l'admiration pour d'autres qui tentent d'humaniser un peu ce climat de haine et d'insécurité…
Une sourde révolte bouillonne en moi.
Je me sens devenir de plus en plus un rebelle. Et, d'une certaine manière, un homme !

- 6 -

Retour…

De retour au séminaire après vingt-sept mois passés dans cet autre vase clos qu'est l'armée, je retrouve une vingtaine de camarades, libérés comme moi de nos "obligations militaires". On parlera peu de ce que chacun a vécu en Algérie. Il est difficile de dépasser sa pudeur face à des événements qu'on aurait voulu ne pas voir, des gestes qu'on aurait voulu ne pas poser !… Mais on sent bien que chacun porte en soi de lourdes blessures…
Le directeur du grand séminaire, psychologue avisé, perçoit le désarroi de ces jeunes gens. Il les réunit dans une salle et les invite à passer trois jours ensemble, hors du reste de la communauté. Il leur demande de mettre par écrit ce que chacun a vu, entendu, vécu en Algérie. Pas de "on-dit", seulement du vécu… Ainsi, jour après jour un commencement de libération se met en place et chacun peut reprendre le cours de ses études. Il faudra cependant donner au séminaire un certain nombre d'aménagements touchant, entre autres, à la liberté de mouvement…

Pendant quatre années encore, je vais me préparer au sacerdoce… La formation porte surtout sur la théologie et heureusement, grâce à un professeur très ouvert aux "affaires du monde", sur la doctrine sociale de l'Église.

Un an avant l'ordination sacerdotale, les jeunes gens sont invités à recevoir l'ordination au diaconat. Cette cérémonie marquera le pas décisif de ces hommes qui s'engagent au célibat pour leur vie entière. La cérémonie est préparée avec un grand sérieux. Mais les interrogations sur le sens du célibat n'ont toujours pas trouvé de réponse. Au cours de discussions à bâtons rompus et, en privé avec quelques professeurs, l'un ou l'autre parmi ceux-ci, tente une réponse :
– Jésus n'était pas marié. Si on veut être ses disciples, il faut vivre comme lui…
– Mais ses apôtres, en particulier Pierre – puisque l'évangile parle de sa belle-mère – étaient bien mariés !
– Oui, bien sûr, mais la discipline a évolué au cours des siècles… Et puis, voyez-vous, si vous voulez être totalement disponibles aux besoins de vos fidèles, il ne faut pas que vous soyez limités par le temps que vous devriez donner à une femme et à des enfants…

Les séminaristes se rendent bien compte que ces arguments ne sont pas suffisants pour engager toute une vie, mais ils veulent croire qu'ils seront heureux dans l'énergie qu'ils mettront à "proclamer la Bonne Nouvelle" comme l'a demandé Jésus au moment de son départ de cette terre…
À partir de cette ordination diaconale, je sais qu'il ne me sera plus possible de revenir en arrière.

Rétrospectives

Je m'achemine vers l'ordination sacerdotale que je perçois comme un but à atteindre. Je suis convaincu que je dominerai sans encombre les difficultés et les incertitudes que j'aurai à affronter…

- 7 -

Prêtre-Pion…

Vient le jour de l'ordination au sacerdoce. Par rapport aux années précédentes, le nombre des jeunes gens ordonnés a fortement diminué. Près de 50 % des jeunes séminaristes n'ont pas souhaité continuer leur formation pour être prêtre après leur retour de la guerre en Algérie. Pour beaucoup le choc a été trop grand entre la violence rencontrée et le climat "protégé" du grand, et surtout du petit séminaire. D'autres, en contact avec leurs camarades "du civil", ont pris conscience du bonheur qu'il y a à fonder une famille.

Après la cérémonie d'ordination, je reçois de mon évêque la charge d'éducateur dans une grande école catholique. Pour le nouveau prêtre, c'est une joie, mais également une inquiétude. Je n'ai reçu aucune formation spécialisée. Saurai-je éduquer les enfants qui me sont confiés ?

Pendant les jours qui me séparent de la rentrée scolaire, je rencontre quelques-uns de mes futurs confrères professeurs. L'un d'entre eux, avec lequel je parle "éducation" me dit :

– Pour faire ce métier, il faut prendre conscience que ce mot "éducation" est, en fait, la jonction de deux mots latins qui signifient littéralement "conduire hors de" Autrement dit, éduquer un enfant c'est lui apprendre à être assez mûr pour ne plus avoir besoin d'un adulte.

Rétrospectives.

Enthousiasmante perspective d'un monde enfantin à éduquer, à conduire vers la réussite de sa vie adulte…

- 8 -

Explosions !

Vinrent les grands bouleversements qui se cristallisèrent autour du printemps 1968. Dans les groupements de jeunes, laïcs ou religieux, les contestations surgirent. On ne voulait plus subir ce que l'on nommait la dictature des autorités civiles ou religieuses. La morale traditionnelle, comme les règles religieuses imposées par l'Église, étaient l'objet d'une remise en cause radicale.
La Jeunesse étudiante chrétienne (JEC), organisme associatif reconnu et soutenu par l'Église catholique, s'engagea à "faire l'analyse" de cette situation. Elle voulait "relire" l'état de la religion catholique totalement "déconnectée de la vie".
À cette même époque, beaucoup de prêtres, la plupart jeunes, quittèrent leurs fonctions sacerdotales et se marièrent.

C'est à ce moment que l'on me confia la charge d'éducateur auprès des élèves des grandes classes de l'établissement. Je reçus aussi la mission d'accompagner les jeunes filles et garçons de la J.E.C. Je me trouvai brutalement à devoir affronter un monde que je ne connaissais pas. Jusqu'alors, je n'avais rencontré que des garçons et voilà que je me retrouve en présence de jeunes filles qui ne vont pas manquer de jouer au jeu de la séduction... Naïvement, trop sûr de moi, je joue le jeu de la familiarité. Tout se passe d'abord très bien. Chargé de veiller à l'ordre et à la discipline dans l'établissement, je ne rencontre aucune difficulté. Les élèves m'estiment et me respectent. Je suis bien loin de percevoir que, sournoisement, stimulée sans doute par le "départ" de mes confrères, ma libido s'éveille... Et c'est le choc ! Le désordre s'installe dans ma vie affective. Si je continue à bien faire mon métier, je perçois que des sentiments s'éveillent et que j'ai bien du mal à résister à des sollicitations féminines... Je me cramponne aux principes qu'on m'a inculqués au petit et au grand séminaires. Je me souviens de certaines mises en garde : "Vous devrez vous méfier de la gent féminine. Le démon se servira de leur pouvoir de séduction, et même de leur corps pour vous conduire en enfer"...

Rétrospectives

Me voilà maintenant en contact, dans mon rôle d'éducateur, avec de grandes jeunes filles. Alors se renouvelle la tentation originelle. "*Dieu dit à Adam : tu pourras manger les fruits de tous les arbres, mais tu ne mangeras pas de l'arbre de la connaissance du Bien et du Mal, sinon vous mourrez... Mais le serpent dit à la femme : Non vous ne mourrez pas mais vous deviendrez comme Dieu possédant la connaissance du Bien et du Mal.*"[4]

---

[4] Genèse 2,17 et 3,4

Bien plus tard, vers la fin de ma vie, je m'interroge : "Pourquoi n'ai-je pas répondu à cet appel de la vie vers le bonheur à deux ?" Je ne le sais toujours pas ! Le saurai-je jamais ? Lâcheté ? Peur de l'inconnu ?... Peut-être ! Je connais ma faiblesse !...
Méditant sur mon itinéraire de vie, je veux croire aujourd'hui qu'un autre destin était déjà inscrit au fond de mes entrailles : aurais-je pu avec une compagne affronter l'affolante aventure de mes jours avec les exclus de notre monde contemporain ?

Comme pour Adam et Ève, en moi la question jaillit : "Où donc est le Mal ?" Si Dieu a créé le monde dans la dualité des sexes, doit-on ignorer cette complémentarité des sexes ! Seule la peur me retient : c'est un très grave délit de séduire ou de se laisser séduire par des jeunes dont on a la charge... Des mineures surtout !... Naïvement, je me dis que tout va s'arranger avec le temps...

Les jours passent et rien ne change... Jusqu'au jour où, en moi, se produit un grand bouleversement. Un terrible orage. Un ouragan. Un tsunami !... Que se passe-t-il ? Je ne peux sacrifier l'équilibre affectif de ces jeunes filles et garçons qui m'ont été confiés !... Il me faut réagir ! Mais je ne suis pas préparé à ce combat ! Cette lutte terrible qui se déroule au cœur même de ma vie.
J'ai découvert au contact des jeunes enfants ce que sont les sentiments d'affection, de tendresse, d'amour. Pourquoi m'interdit-on d'avoir, à mon tour, des enfants à qui je pourrais donner sans réserve cette tendresse qui déborde de tout mon être ?... Pourquoi m'interdire de me marier,

d'avoir une compagne qui me permettrait de concrétiser ce rêve qui est celui de toute l'humanité ? Pourquoi devrais-je être exclu du projet divin exprimé dans la Bible : "*Soyez féconds et prolifiques. Remplissez la terre*"[5]? Ma vocation, mon rôle de prêtre, ma mission auprès de mes frères et sœurs humains, en seraient-ils amoindris, détruits ?... J'en parle avec des jeunes qui me poussent à "quitter cette institution qui m'empêche de réaliser le projet que tout humain est appelé à mettre en acte" !...

Me voilà entré en contestation, en révolte ! Pourquoi faut-il que je prête l'oreille au chant des sirènes de ce temps ? Bien des jeunes filles s'acharnent à me séduire.
Beaucoup plus tard, j'entendrai l'une d'entre elles, devenue adulte, dire, devant moi, à ses propres enfants : "Nous étions toutes amoureuses de lui."... Et de cela je me rends compte. J'en suis d'abord flatté. Petit à petit, mon cœur se laisse séduire... Et pourtant j'ai de plus en plus conscience que je suis en train de rompre le serment que j'ai fait à mon évêque et surtout à moi-même... Une véritable dislocation envahit tout mon être. Je suis horrifié de ce qui se passe en moi... Il me faut réagir !...

Ma réaction sera violente, terrible, sans retenue. Une sorte de folie s'empare de moi. J'écrase, je détruis tout ce qui s'oppose à ce retour en arrière. Je brûle ce que, peu auparavant, j'avais adoré... Une jeune fille, en particulier, à laquelle, par mon attitude irresponsable, j'avais laissé entendre que je la prendrais pour épouse, en sort détruite...
Portant le poids de mon échec, de ma défaite, du désastre que j'ai créé, je fuis !...

---

[5] Genèse 1,28

Lâchement, je fuis !…
Je m'enfuis !…

Emportant avec moi le souvenir lancinant du désastre que j'ai déclenché… Le poids de mon remords…

Rétrospectives

Au plus profond de ma terrible solitude, je rumine inlassablement mon humiliant échec et en recherche les causes. Je me croyais si fort, invincible, capable de maîtriser toutes les tentations, toutes les attaques de l'Ennemi… et me voilà écrasé, lamentablement effondré au plus profond de la fosse. Pourquoi ? Pourquoi ?…

Une pensée de Pascal me revient en mémoire : "Qui veut faire l'ange, fait la bête". Et je revois le cocon dans lequel me dorlotaient mes professeurs de séminaires. Jamais ils n'avaient osé nous parler des difficultés de la vie. Seulement nous mettre en garde contre ce qu'ils nommaient les tentations de ce monde !… Nous devions être des élites, des anges !… J'imagine qu'au fond de chacun, sommeille un monstre qui n'attend que son heure, qu'un moment de faiblesse, de trop grand orgueil pour s'éveiller et détruire, en un instant, ce qui a été bâti pendant des années. C'est le mythe évoqué dans la Bible, de la terrifiante lutte entre Lucifer et l'archange Michel.

– II –

En quête

de

Rédemption.

- 1 -

La fuite…

Comme Caïn fuyant les lieux de son crime,[6] je quitte les lieux de ma terrifiante expérience… Je suis seul. Sans abri fixe. Je ne veux plus être en contact avec ce monde où je me suis détruit et où j'ai détruit tant d'espoirs, tant de rêves !… Un ami m'héberge pour le moment… Une jeune fille, elle aussi traumatisée dans son enfance par une éducation sexuelle désordonnée et qui choisira plus tard de vivre avec une autre femme, m'apporte, par son amitié, sa délicatesse, un peu de réconfort…
Mais on n'efface pas le passé ! Rongeant mon frein dans ma solitude, je veux détruire tout ce qui me rapproche de ce passé déshonorant. Je laisse le démon de la vengeance, de la violence prendre possession de moi… Il me faut continuer à détruire ce que j'ai tant aimé…

Détruire !…
Détruire !…
Détruire !

Pendant des jours… Pendant des mois, je rumine ma déchéance… Pourtant un vieux réflexe de ma formation religieuse me fait gémir au long des jours et de la nuit

---
[6] Genèse 4,13

pendant mes longues insomnies, le psaume échappé des lèvres du Christ en croix !

"Mon Dieu, Mon Dieu ! Pourquoi m'as-tu abandonné ?
Le salut est loin de moi,
Loin des mots que je rugis !
J'appelle tout le jour et tu ne réponds pas !
Même la nuit je n'ai pas de repos. [7]*"*

Et puis, un jour, n'en pouvant plus de ce dégoût de moi-même, je vais chercher refuge dans un monastère. Le monastère de Tamié, perdu dans la montagne des Alpes... Et moi qui me croyais seul, qui avais voulu m'ensevelir dans la solitude, ma solitude, je découvre là que la vraie solitude n'est pas une fuite, un isolement hors du monde, mais un vide à faire au fond de soi... Condition de l'avènement de la Paix intérieure...

---
[7] Psaume 22, 2-3

Rétrospectives

Que de bouleversements ! Je regarde encore mes années de vie. Mon enfance, joyeuse et insouciante… La boîte à coton dans laquelle mes professeurs de séminaire ont voulu me protéger des obstacles et des récifs de la vie… Et la chute, la déchéance… Et j'aspire à la Paix. Je rêve de rédemption…

- 2 -

Chercher la Paix

Le vieux moine m'écouta longuement dévoiler mon chemin de vie… Je marchais à ses côtés sur le sentier qui serpente dans la forêt. Lorsque je me fus tu, l'homme de Dieu garda longuement le silence tout en continuant à cheminer lentement à mes côtés. Puis, s'arrêtant, il me regarda droit dans les yeux. Je ne vis pas dans ce regard une condamnation, ni même un reproche… seulement une vraie compassion. À ce moment je me souvins de la beauté de cet état d'âme. Je me remémorai que "compassion" vient de deux mots latins qui signifient "souffrir avec". Je sentis que cet homme portait vraiment ma souffrance et cette compassion était tellement pleine de paix et d'amitié, de fraternité !…Main tendue d'un grand frère…
Puis, d'une voix douce, l'homme de Dieu me dit :
– Tu as eu de grands moments de bonheur… Tu as beaucoup souffert. Tu as espéré. Tu t'es égaré aussi… Tout cela est un appel. Tu m'as dit que tu avais rencontré des jeunes dans un grand désarroi, paumés (c'est bien le mot que tu as employé ?…) Des jeunes sans but dans la vie, sans espoir, sans amour… En t'écoutant, je pensais à la parole de l'évangile : *"Jésus vit les foules et il en eut pitié, car ces gens étaient comme des brebis qui n'ont pas de berger"* [8] Et

---

[8] Matthieu 9,36

encore : *"Jésus dit à ses disciples : Allez, je vous envoie aux brebis perdues…"* [9]

Je crois que tu dois répondre à ton tour à l'invitation du Seigneur. Avec tout ce que tu as vécu, tu sauras comprendre ces jeunes sœurs, ces jeunes frères anéantis par la vie. Tu sauras leur parler, tu sauras les aimer… S'ils en sont là où ils sont, c'est qu'ils ne se sentent pas aimés… Va ! Va dans les banlieues des grandes villes. N'aie pas peur !…"

Après un court silence, le moine, malicieusement, reprit :

– Depuis le concile Vatican II, la colombe, (le St. Esprit) est sortie de la cage ouverte par ce grand pape que fut Jean XXIII. Elle a déserté Rome. Elle a émigré dans ces quartiers où il y a tant de pauvreté… La plus grande pauvreté, celle du cœur… C'est pour eux d'abord que le Christ est venu… Alors, tu vas bien lui donner un coup de main, non ?…

En écoutant ces paroles, je souris de l'humour presque blasphématoire du moine. Et je sentis la paix revenir en mon âme. Oui ! Je vais aller à la recherche de la brebis perdue… Celle qui a besoin d'estime, de respect, de tendresse… Non pas pour la récupérer pour la société, ni même pour l'Église, mais simplement en grand frère, témoin d'un Amour… Peut-être courrai-je à un échec, au-devant de grandes difficultés, des sévices peut-être… Mais j'irai… comme en un appel à la rédemption… Et que la Paix revienne en moi et dans le cœur de tous ceux que j'ai blessés, mortellement peut-être !…

---

[9] Matthieu 10,6

Rétrospectives

À qui dois-je ce sursaut ? Je pense à mes parents, à la sereine éducation qu'ils ont su me donner... Je pense à Thomas, cet ami du grand séminaire, foudroyé à dix-huit ans par une méningite. Je pense à tous ces enfants aveugles que je guidais pendant les étés dans une colonie de vacances... Je pense à tous ces enfants que j'ai accompagnés sans regarder ni ma peine, ni mon temps... Je pense à mes camarades prêtres... Je pense à tous mes amis... Je pense... Je pense...

*Et ainsi, de jour en jour, je sens monter en moi un reproche, une rancune contre ceux qui prétendaient être mes éducateurs... contre cette institution chargée de permettre à des enfants, des adolescents, des jeunes gens d'entrer dans la vie avec une solide formation humaine. Dangereuse est une instruction spirituelle si elle n'est insérée dans la vie humaine ?... Au milieu de tous ces jeunes, entassés dans quelque squat, j'entre parfois en méditation : "Le Christ s'est incarné", m'a-t-on enseigné. Qu'est-ce que cela signifie pour ses disciples si on leur apprend à vivre dans un monde où ils sont "désincarnés", hors de la vie des personnes au milieu desquelles ils vivent ? Le Seigneur n'a-t-il pas dit : "Vous n'êtes pas **du** monde, mais vous êtes **dans** le monde"...[10] En voulant protéger les futurs prêtres de la tentation de la vie avec une femme, l'institution a fait de certains d'entre eux des névrosés, prêts à toute déviance quand se ferait sentir le besoin d'un peu d'amour de la part d'un autre être humain.*

---

[10] Jean Chapitre 17

– 3 –

Avec les « SANS »

Ce déchirement, je le ressens au cœur de ma vie. : comment rejoindre ce monde des "sans" qui m'est encore tellement étranger. J'ai vécu une enfance heureuse. J'ai un métier qui me comble de joie… Alors les "sans", je ne les connais que par ce que les médias ou mes contemporains en disent… Je prends cependant peu à peu conscience que pour vivre avec les « sans », il faut se dépouiller de tout superflu ; se dépouiller de tout esprit de jugement, de condamnation, de profit… Et voilà qu'un soir de décembre du début des années soixante-dix, précisément après une rencontre avec un ami prêtre, je rentrais chez moi. La nuit tombait. Je devais traverser la grande place des Promenades pour regagner mon appartement. Un sentier passe près d'un monument, appelé "les pauvres gens" : une femme tenant sur ses genoux un jeune enfant. Un arbuste entoure l'arrière de la statue. J'étais à une vingtaine de mètres du monument quand je vis un homme se glisser derrière l'arbuste. Je pensais que c'était un passager qui avait besoin de se soulager et j'ai continué mon chemin. Une cinquantaine de mètres après la statue, je me retournai et ne vis pas l'homme ressortir. Je revins sur mes pas et, discrètement, regardai derrière le monument. Ce que je vis me glaça. L'homme s'était recroquevillé sur lui-même et avait glissé un carton d'emballage sur son corps. Je compris qu'il allait passer la nuit ici. Je saurai plus tard qu'il laissait le carton dissimulé par le feuillage contre le mur et qu'il revenait chaque soir ici pour y dormir. Ce soir du 8 décembre, il faisait un froid glacial et c'est totalement bouleversé que je rentrais chez moi… Je ne dormirai guère de la nuit… Comment peut-on laisser des personnes dormir dans la rue quand il fait si froid ?…

Dès le lendemain matin je rendis visite au président de l'association de St Vincent de Paul qui me déclara : "Je suis heureux de vous voir. Je suis tourmenté depuis longtemps par ce problème des sans-abri, mais je me heurte à l'indifférence générale. Si vous le voulez bien, nous allons nous attaquer à cette question. Vous, par votre fonction, vous pourrez alerter les communautés chrétiennes, moi, par ma profession, je prendrai contact avec les notables de la région."
Nous décidons de rencontrer le maire de Roanne qui nous écoute et nous encourage. Puis il nous dit : "Faites des études sur la question. Mettez sur pied une structure adaptée. Ensuite, nos administrations verront comment vous aider pour le fonctionnement." Grande déception !
Heureusement, mon ami est un important industriel qui a de nombreuses relations. Après une multitude de contacts, d'espoirs et de désillusions… un abri pour quinze personnes peut enfin s'ouvrir. Il fonctionnera grâce à un grand nombre de bénévoles. Ainsi est né "Notre abri".

"Avec", "sans" deux mots qui évoquent l'opposition…

Les hommes (il n'y aura que des hommes les premières années) qui passent la nuit dans ce nouvel abri sont dépourvus de tout. Sans travail, sans argent, sans famille souvent, sans ami... L'un d'entre eux (on l'appelait le « petit Louis") me dit un jour : "Même vous, vous ne savez pas ce qu'est la solitude !" Il venait parfois au plein milieu de la nuit me demander de lui faire un café. En compensation, il allait à la pêche et me rapportait quelques menus poissons. Je le remerciais et lui demandais si je lui devais quelque chose. Il me répondait toujours : " Oui !... Le respect !" Le respect, même cela leur était souvent refusé à ces hommes sans abri !...

Je pense souvent à l'immensité de cette foule des "sans". Au-delà de ceux que je rencontre maintenant souvent, on voit surgir une autre catégorie de "sans" que l'on ne rencontrait pas, ou si peu, il y a quelques décennies : ces enfants, femmes et hommes fuyant leur pays, fuyant la guerre, fuyant leur maison détruite par les armes... arrivant chez nous à la recherche d'un toit et d'un peu de pain... Ces nouveaux "sans" bouleversent notre tranquillité et soulèvent parfois des réactions nationalistes...

Je veux être "avec" eux, "avec" le monde des désespérés, des exclus, des "sans", sans argent, sans amis, sans espoir, sans avenir, sans idéal... Peut-on être "avec" ? Vouloir vivre avec les « sans », c'est s'engager sur un chemin de conversion... Cesser de donner la priorité à tous nos "avec"... C'est un appel au dépouillement... C'est ce qu'évoque l'apôtre Paul en parlant de l'expérience humaine

de Jésus de Nazareth : "Lui (Jésus) de condition divine, s'est dépouillé, prenant la condition de serviteur, reconnu à son aspect comme un homme…" (Philippiens 2, 6-10)
Dans ma quête de rédemption, j'ai choisi de relever ce défi. Quelle prétention ! Quelle imprudence ! Quelle utopie !…. Aucun jugement, aucune mise en garde… ne m'ont été épargnés !…

Après mon évasion à l'abbaye de Tamié, j'ai pris rendez-vous avec mon évêque. Je lui fais part de mon entretien avec le vieux moine de Tamié. Je lui parle aussi de mes projets. Le dignitaire réfléchit longuement puis il dit :
– Vous semblez bien sûr de vous. Je crains que vous ne soyez un peu présomptueux. Éducateur de la rue est un métier et vous n'avez aucune formation pour cela. Je crains que vous n'y laissiez votre équilibre, votre foi peut-être…
– J'ai réfléchi à tout cela à Tamié. Il est possible que je me perde au cœur de ce monde des pauvres, des exclus… Mais il faut que j'y aille…
– Alors ! Si c'est votre volonté, je vous envoie. Laissez-moi seulement de vos nouvelles de temps en temps… Le plus souvent possible !…

Et je suis parti. Je m'en vais d'abord à Lyon. Sur les pentes de la Croix-rousse, aux ruelles si étroites parfois qu'on ne peut s'y croiser sans gêne et où il est dangereux de s'aventurer la nuit. Je sillonne les traboules obscures. Je me laisse conduire par un des drogués que je connais jusqu'à quelque taudis sans meuble ni autre matériel de cuisine et

occupé sans l'accord du propriétaire, d'ailleurs inconnu, pour la bonne raison qu'on ne s'est pas préoccupé de le connaître. C'est là que je rencontre des petits groupes de jeunes toxicomanes… Très vite le réseau s'étend… jusqu'à Marseille et jusqu'en Allemagne… Douloureuse expérience. Vivre au cœur de ce monde tellement désespéré, tellement abandonné, tellement pauvre ! Pauvre d'argent, de confort matériel, certes, mais surtout d'amour, de foi en la vie, de foi en soi… J'y suis toujours accueilli amicalement. Ces garçons et ces filles — dont certains n'ont guère plus de quinze ans — me proposent parfois un joint ou même un shoot d'héroïne. À ce geste, je prends conscience que je suis vraiment accueilli en ami sûr. Je sais bien combien d'efforts, de sacrifices font ces jeunes pour se procurer ces drogues… jusqu'à se prostituer parfois. Dès les premiers contacts j'ai été clair avec eux : je n'accepterai jamais ces cadeaux empoisonnés. L'un d'entre eux, un jour, me remerciera devant ses camarades :
– C'est bien ! Car, si tu faisais comme nous, nous n'aurions pas besoin de toi.
Il appuie sur les mots "besoin de toi" Il faut qu'on puisse voir quelqu'un qui n'a pas besoin de ces produits pour être heureux!…

Je vis ainsi parmi eux, comme eux, mis à part la drogue, parfois sans abri, souvent la faim au ventre. Je sais que je suis pour eux la planche à laquelle s'accroche le naufragé… Je dors à même le sol, des garçons ou des filles serrés contre moi pour chercher un peu de chaleur humaine, un peu de tendresse, un peu d'espoir… Comme elles sont loin ces pulsions charnelles qui m'assaillaient autrefois ! Je peux maintenant poser mes mains sur les épaules d'un garçon blotti contre moi sans que le désir bouleverse mon esprit. Je peux accueillir la jeune fille qui m'enlace de ses bras décharnés sans que se manifeste en moi le moindre désir sexuel… Quand je laisse mes yeux plonger dans les leurs, rivés sur les miens, je me sens basculer dans un abîme sans fond, tant leur désespérance est profonde. Face à cette misère, cette nudité du cœur, ce dépouillement de leur propre personnalité, les paroles de Jésus me viennent en mémoire : "*J'étais pauvre, sans abri, sans habit, sans ami, malade, prisonnier de la vie…*"[11] Je découvre tellement mieux qu'au séminaire l'Amour dont parlait Jésus qui s'identifie à ce monde infernal : un cœur à cœur avec celui ou celle qui est englouti dans les abysses de la désespérance. Je découvre qu'il ne peut, qu'elle ne peut, être sauvé que par un surcroît de tendresse…

---

[11] Matthieu 25, 35 et suivants

- 4 -

Avec les glaneurs de "Paradis"

Le vallon soudain s'est rétréci. Le torrent, pour s'écouler, doit s'engouffrer dans l'étroit passage, entre deux énormes masses de granite. Puis une prairie, comme une grosse larme, se prélasse dans une petite plaine, laissant à l'eau le loisir de flâner à nouveau parmi les fleurs et les herbes sauvages. À la sortie du goulet, le torrent a laissé son caprice le guider vers la gauche de la prairie, au milieu des reines-des-prés et des massettes d'eau.
Mais les hommes sont venus et ont barré une partie de son chemin, l'obligeant à se diviser en deux et à suivre en partie un long chenal, à droite, au bas de la montagne, jusqu'au barrage dominant la grande roue à aubes d'un moulin.
Autrefois, les paysans de la région apportaient le grain de leurs récoltes et ce moulin le transformait en farine. Aujourd'hui, tout est abandonné. La grande roue depuis longtemps ne tourne plus. L'eau, négligemment, déborde par-dessus le barrage et se laisse couler paresseusement jusqu'au bas de la roue où elle a creusé une cuvette. Les truites s'y ébattent dans l'écume lactée…

Une main, négligemment, glisse sur la rampe de fer rouillé. Une main, aux doigts longs et fins, celle d'une fille, d'une adolescente. Dix-huit ans. Dix-neuf peut-être. Mais de

grosses veines gonflées bleu noir font penser à une main de vieille femme. La nuit est en son milieu. La lune montre, entre deux nuages blancs, sa face de vieille sorcière... Le visage de l'adolescente apparaît, si pâle, si pâle ! Ses yeux se fixent sur un coin d'herbe, là-bas, au pied de l'escalier. La hulotte a lancé son cri lancinant : "C'est la mort qui passe" disaient les anciens...
Joanna, la jeune fille, s'est laissée glisser lentement sur l'herbe abreuvée de rosée. Elle frémit. Ses épaules gommées par la maigreur ont de la peine à retenir la robe légère qu'elle n'a pas quittée depuis hier. L'astre nocturne lentement monte derrière les grands arbres comme la serpe d'or d'un vieux druide attardé. Le ruisseau s'habille de sa pâle lumière. La maison abandonnée, derrière la jeune fille, ressemble à un géant affaissé laissant ses deux bras étendus sur la prairie. Paysage lugubre, sinistre que Joanna ne voit pas. Elle n'entend pas non plus le vent se lever et gémir dans les arbres et les rochers... Où donc la conduit son rêve ?...
Lentement, lentement, ses mains se tendent vers le ciel. Ses doigts se replient comme pour agripper quelque ange invisible. Sa tête se renverse. Ses yeux s'accrochent à une nuée immobile. Un sourire s'esquisse au coin de ses lèvres parcheminées, puis se fige. Et l'on peut croire un instant que c'est une nymphe sortie des eaux ou une momie échappée de son tombeau de pierre...

Le soleil, timidement, tente de projeter ses premiers rayons par-dessus les Monts de la Roche et déjà le paysan mène son troupeau vers le pré de la rivière. Quand les vaches sont occupées à brouter l'herbe fraîche, poussées par la curiosité, l'homme franchit le petit pont de bois, contourne la maison en foulant les orties et les grandes berces. Il avait remarqué, quelques jours plus tôt, un étrange va-et-vient vers la maison abandonnée.

Ce qu'il découvre, en arrivant dans la cour, le surprend d'abord, puis l'étonne. Assis sur le sol, les jambes croisées en tailleur, un jeune homme est là. Le buste droit et raide, les yeux clos, il semble dormir. Le paysan pense à un fakir... Les mains de l'homme reposent sur les joues pâles de la jeune fille allongée sur le gazon, la tête sur les genoux de son compagnon. Elle aussi semble dormir paisiblement. La rosée recouvre leurs corps de mille perles d'argent que le soleil fait miroiter.

L'angélus d'un lointain clocher laisse tomber au fond du vallon les notes de son carillon. Un homme est sorti de la maison. Il se dirige vers la rivière et plonge dans l'eau glacée... Il ne s'y attarde guère... Il s'étend dans l'herbe pour se faire sécher...

Il se dirige maintenant vers la maison. Les deux jeunes gens sont toujours là, statues immobiles. Il s'approche, s'adresse à la jeune fille :

– Réveille-toi Joanna !
– Joseph ?...
– Oui, c'est moi...
– Bonjour Joseph ! Ça va toi ? Aide-moi, veux-tu ?...

Il lui prend la main et l'aide à se relever. Elle appuie sa tête sur l'épaule de l'homme, le temps de débarbouiller son esprit. Puis ses yeux se portent sur le jeune homme accroupi à ses pieds. Elle dit :

– Il dort encore. Il faut que je le réveille...

Elle s'accroupit près de lui, le prend par les épaules et le berce lentement, tendrement comme on berce un petit

enfant. Quand il ouvre les yeux, il regarde à gauche, puis à droite, puis devant et derrière lui, étonné de se trouver en ce lieu insolite.
– Où suis-je ?
– Mais aux Roches, tu le sais bien ? Il y a déjà quatre jours que nous sommes ici.
– Ah oui ! Avec Jean-Luc, Dominique et Joëlle... Où sont-ils ?...
– Ils sont à l'intérieur... Il est plus de midi. Ils ont préparé le repas. Allez. Venez. On va manger...

La vieille 2 CV toussote. En se déhanchant, elle se fraie un passage à travers les herbes folles jusqu'aux abords de la maison. Je prends le risque de lui faire franchir le vieux pont de bois qui ploie en gémissant, mais tient le coup. Arrivée dans la cour, elle crache une dernière gorgée de fumée âcre et se tait. Joëlle ouvre la porte de la maison. Un énorme terre-neuve bondit jusqu'à la voiture, interdisant au passager d'en descendre. Joëlle intervient :
– Moon, viens ici !...
Puis s'approchant du chien, elle lui passe la main sur la tête et me dit :
– Tu peux descendre. Il ne te connaît pas encore. Il n'est pas méchant quand on est là... Il est beau, n'est-ce pas ?...
Elle m'embrasse affectueusement.
– C'est gentil Étienne d'être venu. Tu tombes bien, ce soir on fait la fête. Jean-Luc et Domi ont apporté tout ce qu'il faut pour cela. Allez. Entre.
Nous grimpons les escaliers. Joëlle pousse la porte, entre et s'efface devant moi et s'écrie :

– Regardez qui vient nous voir !... Pour ceux qui ne le connaissent pas encore, c'est Étienne, un copain... Étienne, je te présente Domi et Jean-Luc. Ils sont arrivés hier... Mets-toi à l'aise.
Je salue. Puis je demande :
– Et Suzana ? Elle n'est pas là ?...
– Elle est allée passer quelques jours dans sa famille. Tu sais qu'elle était fâchée avec ses parents, mais la semaine dernière, à l'occasion de ses dix-huit ans, sa maman lui a envoyé un mot pour lui dire qu'elle lui manque terriblement et qu'elle souhaite la revoir. Elle ne connaît pas encore cette maison. Elle arrive ce soir. C'est Blandine qui l'amène en voiture.
Tous se sont installés dans la grande salle. Au centre, une table un peu vermoulue mais encore solide. Elle est en merisier massif, abandonnée par les derniers occupants. Il y a aussi cinq chaises à la paille un peu usée, de vieux placards muraux, un poêle émaillé de couleur bleu ciel. Le tout, bien nettoyé, rend la maison habitable, agréable même... J'interroge :
– Vos projets ?
– On a prospecté aux alentours. Un paysan rencontré hier nous a dit qu'il ne connaît pas de descendants aux derniers habitants de cette maison. Les terrains sont tombés en jachères. On souhaite les cultiver... Le paysan nous a dit que ce sera mieux que de les laisser en friches. Il y aura beaucoup de travail pour la remise en état. On a un ami qui a des chèvres, en Ardèche. Il va nous céder quelques chevrettes pour commencer ici un élevage...

La nuit lentement envahit l'étroit vallon où se blottit le Moulin de la Roche. Joseph est resté avec moi à l'intérieur.

Les autres sont allés prendre un bain dans le ruisseau. J'interroge :
– Joseph, penses-tu que vous pourrez vous en tirer ? Vous voici nombreux !
– Pour le moment ça va. On a un peu de fric. Mais il est certain qu'avec quelques chèvres on aura du mal à faire vivre tout ce monde. Si tous mettent la main à la pâte ça ira. Mais je ne me fais guère d'illusion. La plupart de ceux qui passent ici pensent plus à rêver, à fumer un joint, qu'à travailler...
– Qui sont Dominique et Jean-Luc ?
– Ils sont arrivés hier. Comment nous ont-ils trouvés ici ? C'est pourtant un coin perdu ! Ces arrivées à l'improviste resteront toujours pour moi un mystère. À croire qu'ils sont guidés par une étoile !...
– Tu sais aussi bien que moi que ces gens ne restent que pendant l'été dans notre région. Quand arrive l'hiver ils s'en vont plus au sud. Ce sont des oiseaux migrateurs en quelque sorte !...
– Oui, je sais. Mais on ne peut pas les mettre à la porte. Moi, en tout cas, je ne m'en sens pas le courage !
– Joseph ! J'ai rencontré beaucoup d'autres communautés comme la vôtre. Les seules qui tiennent le coup sont celles qui s'imposent une certaine rigueur. Vous êtes, avec Suzana, les guides de cette communauté, vous devez en être les piliers. Elle m'a dit que vous avez l'intention de bâtir quelque chose de durable. Vous devez prendre les dispositions dans ce sens. À vous d'exiger que chaque passager y mette du sien ! Il y a du travail pour chacun ici. Imposez que chacun passe au moins une heure ou deux pour le service commun !.... Ceux qui ne viennent que pour les

avantages qu'ils pensaient retirer de leur séjour ici, s'en iront d'eux-mêmes...

Un mois plus tard, la 2 CV arrive de nouveau dans la cour. On dirait qu'elle connaît le chemin depuis qu'elle y a transporté les biquettes qui dansent maintenant dans l'enclos autour de la maison. Suzana, sous un arbre, est occupée à peindre. Sur la toile, un paysage s'esquisse. On y voit quelques éléments de la campagne environnante, mais aussi, toute une part d'imaginaire. Dans l'harmonie des couleurs et des formes, se fondent le rêve et la réalité. C'est son tempérament qui s'exprime ainsi. Sa manière de penser. De vivre aussi...
Suzana est une toute jeune fille. À peine dix-neuf ans. Et si belle ! Une haute stature. Droite, sans raideur. Élancée. Ses cheveux d'un noir profond lui tombent jusqu'aux hanches, soyeux, souples et légèrement ondulés. Un visage délicat, presque angélique ne laisse percevoir aucune faiblesse de caractère. Au contraire, une force intérieure qui n'est ni violence, ni despotisme. Ses yeux sombres, comme sa chevelure révèlent l'énergie qui bout en elle. Elle est si patiente pourtant et si douce ! Affectueuse sans complaisance, sans mièvrerie... vraie... sincère...
Abandonnant chevalet et pinceaux, d'un bond rapide, légère comme un chamois, la voici près de ma voiture avant même que j'aie eu le temps d'en descendre. Elle pose ses deux mains sur mes épaules. Elle me dévisage, les yeux légèrement plissés comme pour mieux deviner ce que je porte en moi. Impossible de tricher avec elle ! Impossible de lui mentir... Brusquement, sans brutalité cependant, elle dépose sur mes joues deux baisers sonores et pleins de tendresse. Puis, jetant ses bras autour de mes épaules, elle

m'entraîne vers le seuil de la maison... Je m'aperçois qu'elle me domine de la tête, presque.
– Joseph ! Sais-tu qui est là?
Joseph sort de la pièce voisine, une massette à la main, le visage et les vêtements couverts de plâtre et de chaux.
– Salut, Étienne !...Viens voir !
M'entraînant dans la salle d'où il est sorti, il m'explique :
– Ici on va faire la salle de séjour... Derrière ce briquetage il y a une grande cheminée. Regarde. Les corbeaux ont été cassés. Quel dommage !... Mais on en a trouvé d'autres dans la masure, à côté...
– Vous êtes seuls tous les deux ?
– Les autres sont partis à la pêche. Du moins, c'est ce qu'ils ont prétendu...
– Et toi, Étienne. Tu n'as pas pu rester avec nous la dernière fois que tu es venu. J'espère que tu vas passer la nuit ici. Demain tu nous aideras à transporter les corbeaux pour la cheminée. Tu pourras faire la connaissance d'Alain et de son frère Julien.
– D'accord, je reste. Et Domi et Jean-Luc. Est-ce qu'ils s'intègrent ?
– Pas trop ! Le pire est qu'ils essaient d'entraîner Joanna et Mick... Par contre, Joëlle va très bien. Elle est partie terminer un enclos pour les chèvres. C'est une fille extraordinaire. On peut lui confier la maison et les animaux. Elle est efficace, malgré son air un peu sauvage, timide. Le jour où tu nous l'as amenée, on ne se doutait pas qu'elle s'intégrerait si bien !...
À propos des autres, on a suivi ton conseil. On a essayé de mettre les choses au point, de les mettre dans le coup. L'autre jour, Joseph leur a donné une faucille, une faux et une fourche avec mission de commencer à couper les

fougères dans la jachère, là-haut. Ils ont dit que ça ne leur posait pas de problème et qu'ils trouvaient normal de participer aux activités de la communauté... Tout un flot de bonnes paroles...
Vers seize heures, Joseph est allé leur porter à boire car il faisait très chaud... Étienne, je te donne en mille : ils avaient fauché un petit cercle au milieu du champ, avaient étalé les fougères et s'étaient étendus dessus. Joseph les a trouvés là en train de jaser, fumer de l'herbe et de rêver...
– Ça ne m'étonne pas, Suzana... Mais je suis persuadé que si vous maintenez la pression, la plupart s'en iront, peut-être l'un ou l'autre restera-t-il. J'ai vu ça dans d'autres communautés, en Ardèche... D'ailleurs vous avez déjà l'exemple de Joëlle.

Le soleil a franchi depuis longtemps l'horizon. Les murs de la maison rendent un peu de la chaleur emmagasinée pendant la journée. On a dîné de fromage blanc, de céréales, de fruits. On s'est installé dehors. L'herbe de la cour a retrouvé sa fraîcheur. La lumière de la lampe extérieure joue dans les arbres avec la brise du soir...
On s'est assis en cercle, comme poussés par un instinct dont on ne connaît plus les origines. La plupart des jeunes se sont étendus, presque entièrement nus. Mon éducation me fait ressentir comme un malaise, un mal-à-l'aise !... Puis, peu à peu, je reprends mes esprits. Une grande discussion s'est amorcée, comme engendrée par ma présence. Tous les regards se sont tournés vers moi. Grandes questions sur Dieu, sur la vie, la mort, l'après-mort !... Discussions d'intellectuels ? On pourrait le croire d'abord. Mais ils ont tellement été malmenés par la vie !... Ils voudraient

tellement trouver un sens à cette vie, une issue, une espérance !...

Quand la lune se lève, Mickaël sort d'un petit sac attaché à son côté, un minuscule paquet enveloppé d'aluminium. Alors, le silence s'établit. Chacun est attentif aux gestes de Mickaël... C'est la cérémonie, le rituel du joint... Le petit calumet circule autour du cercle... Lorsqu'il arrive à moi, je le passe à mon voisin sans aspirer... Le deuxième tour se termine. Grand silence. Chacun semble en méditation... De longues minutes s'écoulent dans un silence impressionnant, rompu seulement par le murmure de la brise dans les arbres et le gazouillis du ruisseau. Moi aussi, j'entre dans la prière. Une autre forme de prière : "Les mains ouvertes devant Toi, Seigneur, pour t'offrir le monde..." Puis quelqu'un rompt le silence :

– Étienne pourquoi ne fumes-tu pas avec nous ? C'est dommage parce qu'on a l'impression que tu n'es pas vraiment avec nous. Tu comprends ce que je veux dire ?...

– Je crois que oui. Mais je ne veux pas entrer dans ce moyen de communication que vous pensez être le meilleur pour se sentir bien dans sa peau. Je le crois trop artificiel car je suis persuadé que c'est en soi qu'est la vraie réponse... Le joint ne peut apporter qu'un moment de plaisir... Mais après on se retrouve avec les mêmes problèmes, les mêmes angoisses, les mêmes souffrances... Je ne sais pas ce que vous en pensez.

– Tu as sans doute raison... Finalement c'est bien que tu ne fasses pas comme nous car, sinon, on n'aurait pas besoin de toi, on n'aurait plus d'espoir... C'est vrai que quelque part on a envie de vivre comme toi.

Quand je m'éveille, le soleil est déjà levé… Alain est reparti dans la nuit…

Trois jours plus tard, j'apprends par le journal que deux jeunes gens ont été retrouvés broyés par le train près d'un passage à niveau. Je prends contact avec Joseph. Oui, il s'agit bien d'Alain et de son frère Bernard…
– Que s'est-il passé, Joseph ?
– Ce ne peut être un suicide comme l'a dit la police. Tu as vu Alain l'autre soir… Il était en pleine forme… Les deux frères étaient de petits dealers avant d'arriver dans la région. Alain m'a confié qu'ils s'étaient enfuis pour échapper à l'engrenage de la drogue. Il m'a dit aussi qu'ils étaient venus se cacher dans cette ferme isolée, près du passage à niveau, car ils avaient de grosses dettes vis-à-vis des "grossistes"… Tu vois, Étienne, les Lyonnais les ont retrouvés et exécutés parce qu'ils ne pouvaient pas rembourser… Dans ce milieu, pas de pitié ! Tu dois savoir ça ?
– Oh, oui !… Oh oui !…

Deux jours plus tard.
– Allô, Étienne, il faut que tu viennes tout de suite. On ne peut plus tenir…
– Mais, tu as vu quelle heure il est… Il va faire nuit dans une heure… Ma vieille 2 CV va avoir trop de mal à franchir le col du Pin Bouchain…
– Il faut que tu viennes, tout de suite Étienne, c'est trop grave…
– Bien j'arrive… dans deux ou trois heures…

Péniblement, le col est franchi... Me voici à Lyon... Reste à trouver l'appartement dans le dédale des ruelles de la Croix-rousse... Enfin, voilà la rue... le numéro...
Michèle est près de la porte. Elle me saute au cou, bloque sa tête contre mon épaule et soupire :
– Heureusement que tu es venu ! On allait tomber fou!...
Michèle vit avec Gérard depuis plus d'un an. Ils se considèrent comme frère et sœur. La drogue est leur compagne !... En manque d'argent, ils ne peuvent plus acheter leurs doses d'héroïne... Ils trouvent des amphétamines... et c'est la catastrophe. Gérard fait de terribles crises de violence. Les deux amis devraient se quitter... mais ne peuvent vivre l'un sans l'autre :
– C'est ma petite sœur, me confie Gérard...
Après trois jours passés avec ces deux êtres déchirés qui n'osent même plus se regarder dans les yeux, je dois donner mon avis :
– Je ne peux pas prendre de décision à votre place...
Alors Michèle prend son petit sac à main et se dirige vers la porte en me disant :
– Viens, Étienne...

Michèle, après quelques années cahoteuses, trouvera un équilibre serein. Elle aura deux enfants... Gérard, intoxiqué par une des seringues qu'on se passe de la main à la main pour les shoots[12] d'héroïne, mourra d'une hépatite virale le jour de ses 27 ans.

Lorsque après les événements de mai 1968, les drogues se sont répandues dans les villes et jusqu'au cœur des campagnes, les pouvoirs publics, aussi bien que les

---

[12] Shoot : piqûre intraveineuse de drogue.

personnels de santé ou la police ont été pris de court. Les bandes de beatniks ou de hippies se sont répandues un peu partout. De très jeunes garçons ou filles se regroupaient en bandes inorganisées, refusant toutes lois sociales et morales. Devant un tel phénomène où la drogue causait de très graves désordres affectifs et psychologiques, quelques individus ont tenté de rejoindre ces jeunes totalement désemparés… C'est en suivant le conseil du moine de Tamié – que j'avais rencontré quelques mois plus tôt – que je me suis engagé auprès de cette jeunesse si pauvre de biens de subsistance autant que d'amour…

Les populations locales, vite informées de mes contacts avec les jeunes en mal de vivre, m'ont demandé de participer à des rencontres où je pourrais informer et donner des pistes de réflexion et d'action. Ainsi je fus invité par des associations, des comités de parents, d'écoles et même par des parents… Ces rencontres eurent très vite un vif succès. Je m'efforçais de faire le portrait le plus fidèle possible de cette jeunesse en désarroi. J'invitais les parents et éducateurs au dialogue avec leurs enfants. Que de souffrances étalées parfois sans retenue de la part de parents qui avaient l'impression d'avoir échoué dans l'éducation de leurs enfants !… Aussi, à quelle humilité me sentais-je appelé !…

De retour dans la communauté du moulin, Joseph m'informe d'une triste nouvelle. J'avais réussi à recueillir huit mille francs auprès d'amis divers pour payer l'achat d'une clôture pour les chèvres du Moulin.
– Étienne, Dominique et Jean-Luc sont partis.

– Je pense que ce ne sera pas une grande perte pour la communauté. Ils n'avaient pas envie de s'investir, je crois…
– Oh, si ! Ils se sont si bien investis qu'ils sont partis une nuit avec les huit mille francs que tes amis nous ont fait parvenir par ton intermédiaire afin de fabriquer une clôture pour nos chèvres. Comment vont-ils prendre cette nouvelle ?
– C'est terrible de voir une amitié trahie ! Quant à mes amis, ne te fais pas de souci. Ils n'attendent ni remerciements, ni contrôle…
Comme je l'avais promis à mon évêque, je reviens passer un jour ou deux avec mes confrères. Ces rencontres me sont nécessaires pour ne pas sombrer dans le gouffre où sont plongés ces jeunes que je rencontre désormais, jour et nuit…

Et il faut reprendre la route. On me demande dans une banlieue de Marseille. J'entre en relation avec les jeunes gens qui ont pris contact avec moi. C'est la drogue, les cambriolages, la petite, et parfois même la grande délinquance. Je ne reste que quelques jours. Je ne me sens pas la force, ni la compétence pour faire face…
Alors je file sur Grenoble… Clermont-Ferrand… et arrive un appel pour l'Allemagne. Une banlieue de Stuttgart. Contacts difficiles. La plupart des jeunes de cette communauté ne parlent pas français. Certains sont des sympathisants – je crois même des militants – de groupes d'extrême gauche, favorables à des actions violentes… Je décline un séjour prolongé parmi eux…
Ainsi, vingt années vont s'écouler parmi ces jeunes qui ont perdu tout sens des valeurs, tout repère. Ces mots pour eux n'ont même aucun sens. Il faut vivre au jour le jour, sans se poser de question, en profitant des petits riens de la vie, en

s'évadant dans des produits stupéfiants de moins en moins coûteux, mais de plus en plus dangereux car ils font appel à tout un ensemble de produits chimiques et pharmaceutiques…

Rétrospectives

Vingt années difficiles, parfois ardues, mais tellement enrichissantes ! Je découvre au jour le jour un sens caché pour moi de l'Évangile, de la personne du Christ. Ses discours aux foules ne sont pas des leçons de morale, mais la rencontre de personnes qui, pour beaucoup, avaient le même visage que les gens que j'ai rencontrés. Visage de la pauvreté. Non pas seulement celle du porte-monnaie, mais celle du cœur. Sentiment d'être mal aimé, abandonné, trahi, rejeté, esclave, parfois frappé, malmené, maltraité… De n'être rien ! Bouleversement dans ma vie. Je m'interdis désormais de juger, comparer, condamner… On ne sait jamais le secret intime de chaque être !…

- 5 -

Lettre d'Étienne à lui-même.

Mon cher moi-même. Te voilà bien vieux. La vieillesse n'est pas seulement une épreuve à vivre à cause du poids des années qui limitent de plus en plus tes activités physiques, mais aussi du poids de tout ce que tu as vécu. Bien des joies ! Bien des souffrances aussi… Tu as évoqué ton enfance, ta jeunesse… Le bien, le mal, tout est mélangé, imbriqué l'un dans l'autre. Impossible de les séparer… C'est ça une vie ! C'est ça un être humain ! Il ne faut pas disséquer une vie car c'est un tout ! C'est ce qui fait que chaque être est unique… Extraire un moment de cette vie et en faire un absolu, c'est anéantir cet être jusqu'en son fondement…
J'ai appris, en visitant des prisonniers, qu'un homme qui a *assassiné, n'est pas qu'un assassin.* Chacun de ces hommes ou femmes – enfermés hors de la vie commune pour qu'ils ne recommencent pas leur forfait – m'a dit dit avoir mérité la sanction qui lui avait été infligée, mais tous aussi m'ont supplié de ne pas voir en eux seulement ce qu'il y a de mauvais. J'ai vu des métamorphoses émouvantes…
Mais, ainsi sont les humains, ils ne retiennent d'une personne qu'un des événements de sa vie, souvent le pire… En quittant cette vie, j'aimerais qu'on ne retienne rien de moi : qu'on efface ce que j'ai fait de bien et qu'on pardonne tout le mal que je laisse derrière moi…

Et qu'on en fasse autant pour tous les humains qui s'en vont…

Mon cher moi-même, il m'a fallu beaucoup de temps pour m'aimer un peu tel que je suis, tel que j'ai été. J'ai beaucoup médité le grand commandement de la Bible : "Tu aimeras ton prochain comme toi-même". On ne peut donc aimer son prochain que dans la mesure où on s'aime soi-même ?… Que d'humilité, que de respect, cela suppose !…

Mais une question m'a bien souvent taraudé l'esprit : as-tu été fidèle à tes engagements ?…. En répondant superficiellement, je dirais : Non ! Car je n'ai pas suivi fidèlement les promesses faites à mon évêque… Mais, quel était pour moi le sens de mon engagement quand, à dix ans, je désirais de toutes mes forces devenir prêtre ? Quel était pour moi le sens de cet engagement quand, à dix-huit ans, je souhaitais entrer au grand séminaire pour continuer mon accession au sacerdoce ?… Quel était pour moi le sens de mon engagement quand, éducateur, je me trouvais au contact des enfants et des adolescents ?… Quel était pour moi le sens de mon engagement quand j'étais auprès des exclus de ce monde ?… Quel était pour moi le sens de mon engagement quand je fus envoyé par mon évêque comme curé de paroisse ?… Pendant des jours et des nuits, au cours de longues heures de méditation, j'ai tenté de donner une réponse à cette question lancinante… Peu à peu, je pris conscience que depuis mon enfance, mon engagement avait toujours la même orientation : être témoin de l'Amour de Jésus pour les hommes et être messager de son Message d'Amour universel…

À cette promesse-là, que je m'étais faite depuis mon enfance, je puis dire loyalement que j'ai été fidèle, par-delà mes échecs, mes défaillances, mon péché…

Je te quitte, mon ami, mon frère, mon moi-même en te laissant cette parole de la chanson "Le jour où la colombe" interprétée par Nana Mouskouri :

"Je ne sais pas comment vivent les arbres
que les orages ont crucifiés
et j'ai peine à croire
que sous les champs de neige
dorment des champs de blé.
Que restera-t-il de mon cœur
le jour où la colombe
reviendra sur l'olivier."

Rétrospectives

Je crois, je sais que ces arbres, même terrassés tournent toujours leur tête vers le ciel… et continuent à crier aux nuages leur chant d'amour de la Vie…

Quand l'automne annonce l'hiver, l'arbre se dépouille du feuillage, des fleurs et des fruits qui ont fait sa fierté et sa gloire.

Il laisse la sève vitale se réfugier dans la profondeur secrète de ses entrailles d'où la vie a surgi un jour du temps, un jour de son temps !
Et la vie va continuer, humblement, secrètement, jusqu'à l'explosion d'une nouvelle vie !...

- III -

Et vient

l'automne !

- 1 -

Gardarem lo Larzac!

Je ne relaterai pas ici l'histoire de la lutte du Larzac qui a duré dix années ; de nombreux livres l'ont fait... Je ne parlerai que de ce qui m'a frappé dans cet événement auquel j'ai été mêlé plus ou moins directement, du début à la fin de ce combat non-violent.

– **Allô ! C'est toi, Étienne ?**
– Oui. Que se passe-t-il, Julie ?
– Il faut que tu viennes le plus vite possible... On n'a plus rien ; pas même un peu de shit. Alors tout le monde est énervé. Ça risque de mal tourner...
– J'arrive dès que je peux. Dis aux copains de rester cool !
...

La vieille 2 CV toussote en gravissant les Monts des Sauvages. La radio crachote les nouvelles du jour... On est en octobre 1971. Tout à coup, mon attention est alertée : le ministre de la défense, Michel Debré, charge André Fanton, son secrétaire d'État de faire la déclaration suivante, :
"Qu'on le veuille ou non, la richesse agricole potentielle du Larzac est quand même extrêmement faible. Donc, je pense qu'il était logique de considérer que l'extension du Larzac ne présentait que le minimum d'inconvénients. Alors, la

contrepartie c'est le fait qu'il y a quand même quelques paysans, pas beaucoup, qui élevaient vaguement quelques moutons en vivant plus ou moins « moyenâgeusement » et qu'il est nécessaire d'exproprier"…

J'étais révolté et, de retour de mon expédition auprès des jeunes avec lesquels je venais de passer quelques jours, le temps que s'apaisent les tensions, je téléphonai à l'un des paysans du Larzac avec lequel j'avais gardé des relations d'amitié, à la suite d'un camp de jeunes que j'avais organisé dans la région quelques années plus tôt. Il me confirma la nouvelle et promit de me tenir au courant des événements à venir.

Dans les jours qui ont suivi, le ministre annonçait à la télévision que le camp du Larzac de 3 000 hectares, acquis par l'armée en 1902, serait porté à 17 000 hectares. Cette expropriation toucherait douze communes et 105 propriétaires.

Mes amis du Plateau me tiennent au courant, jour après jour. Au gré des temps laissés libres, les paysans concernés se retrouvent. On élabore des stratégies de lutte. Certains nettoient les vieux fusils de chasse des ancêtres. Ces paysans pacifiques se laissent envahir par des désirs de violence. L'un d'entre eux a la sagesse d'inviter Lanza del Vasto, apôtre de la non-violence, ancien compagnon de Gandhi. Il habite avec sa communauté au pied du Larzac. Le vieil homme se rend à la Jasse, une ancienne bergerie où les « 103 » ont pris l'habitude de se rencontrer. Il écoute en silence ces hommes exprimant violemment leur colère et leur désir de défendre leurs terres, les armes à la main. Puis, calmement il leur dit : "Mes amis, comment pensez-vous

tenir avec vos pétoires face à des soldats lourdement armés ? …" Long silence embarrassé. Puis un paysan interroge :
– Que nous proposez-vous ?
– Il vous faut mettre en pratique toutes les techniques et les stratégies de la défense non-violente.
Pour beaucoup, la non-violence apparaissait comme de la lâcheté. Elle signifiait refus de se battre. Lanza leur déclare :
– La non-violence est une manière de se battre. C'est un combat, un combat sans violence… Ce qui demande beaucoup d'imagination et, si possible, beaucoup d'humour… Et un souci permanent d'informer les populations… Tout cela suppose une grande patience et beaucoup de courage !
Information… Imagination… Humour… Patience… Courage… Les paysans sont déconcertés : quelle étonnante manière de faire la guerre !…

Cinq mois après l'annonce du projet d'extension du camp, le 28 mars 1972, 103 paysans du Plateau se déclarent solidaires contre le projet et signent ce qu'on appellera le **"Serment des 103"** par lequel ils s'engagent solidairement à ne céder à aucune contrainte.
Désormais, ce sont eux qui prendront la lutte en main. Aucune décision ne pourra être prise sans l'accord des 103. Et Dieu sait s'il y a du monde pour tenter de récupérer cette lutte au profit de son organisation !
 Rapidement, se mirent en place des comités de soutien, surtout dans les villes importantes. Ces groupes eurent un impact très important tout au long de la lutte… Mais bien vite aussi, des groupes de tous horizons affluèrent sur le plateau : des hippies, des naturalistes occitans, des maoïstes, des trotskistes, des nationalistes occitans et aussi des

militants du MLAC, du MDPL, du PSU... Et d'autres groupuscules… Je me plaisais à rencontrer cette mosaïque de femmes et d'hommes en quête de liberté, de justice, de paix, bien que leurs motivations fussent bien souvent fort éloignées des miennes !

En ce mois de novembre 1971, les amis du Larzac me signalent par téléphone que les évêques de Rodez et Montpellier ont pris ouvertement position contre l'extension du camp. Des extraits de cette proclamation seront lus dans les églises au cours des semaines qui suivent. Inutile de signaler les réactions de quelques "bien-pensants" !…

Trois mois plus tard, un jeûne est organisé au village de La Cavalerie, riverain du camp militaire. Y prennent part, Lanza del Vasto et quelques paysans. À Roanne, en solidarité, un jeûne public se tiendra sur la place de l'hôtel de ville pendant quatre jours.

Le 25 octobre 1972, on apprendra par la presse que 72 brebis du Larzac, transportées dans le plus grand secret par camions, sont débarquées sur le Champ de Mars. De nombreux Parisiens viendront rendre visite à ces étranges visiteurs.

Trois mois plus tard, ce seront 26 tracteurs du Larzac qui prendront la direction de la capitale.

Dès leur retour, les paysans organisent un grand rassemblement auquel bien sûr je ne manque pas de participer. On y parle, entre autres, du projet d'ouvrir une école sur les terres convoitées par l'armée. Cette école ouvrira ses portes le 4 octobre 1973. Je ne peux pas participer aux cérémonies d'ouverture, mais je ne veux pas manquer le deuxième grand rassemblement qui aura lieu au printemps suivant. Cet événement aura lieu dans un grand cirque dolomitique naturel, le Rajal del Gorp, près de la

RN9. Les tentes des manifestants venus de toute l'Europe s'installent sur le versant de la route opposé au Rajal. Elles s'étendent à perte de vue. On les évalue à plus de 20 000. Les manifestants seront évalués à plus de 100 000. La fête durera toute la nuit, ponctuée par des chants militants et des discours. Ce rassemblement, bien relayé par les médias internationaux, aura une grande répercussion sur la lutte.
C'est à la suite de ce rassemblement que naîtra le journal relatant la lutte au jour le jour : "Gardarem lo Larzac"…
La lutte s'éternise. L'armée continue à acheter des fermes dont les propriétaires ont quitté le pays depuis longtemps pour s'installer ailleurs. Les paysans et les comités de soutien ont conscience de la fatigue qui se fait sérieusement sentir. Il faut accomplir un acte capable de remotiver les militants de France et d'ailleurs. On décide d'organiser une marche jusqu'à Paris, soit 710 km. Une épreuve dont on imagine l'ampleur pour des femmes et des hommes peu – ou pas – habitués à la marche ! Dix-huit paysans se portent volontaires. L'épreuve va durer 25 jours. Des villes organisent l'hébergement. Tout au long de la marche, des militants se joignent pendant quelques kilomètres aux marcheurs. Notre groupe roannais aura la joie de retrouver nos amis larzaciens et marchera pendant quelques heures avec eux sur la RN9…
En 1979, se fait jour l'idée de "jumelage" entre une ville et une ferme du Larzac. Roanne se jumellera avec la ferme de Jassenove et fera le projet d'y établir un barrage. Pendant l'été, plusieurs dizaines de Roannais, dont des conseillers municipaux, travaillèrent à la construction de ce barrage hydraulique pour retenir l'eau d'une source intermittente qui jaillit abondamment au printemps.

La lutte dure déjà depuis huit ans et on sent qu'il faut faire, à nouveau, un acte mobilisateur. Les 103 se concertent pour organiser un séjour campé à Paris, sur le Champ de Mars. Ce camp est organisé comme un village, avec son école, ses cuisines, son secrétariat… Beaucoup de visiteurs viennent à la rencontre des campeurs, apportant vivres et vêtements car on est à la fin du mois de novembre et le froid est arrivé…
Dans le prolongement de cette action, une grande manifestation est organisée à Paris. Nous y étions plus de 100 000. Impressionnant !…

En plus de ces actions d'envergure, de très nombreuses actions plus discrètes maintenaient la pression sur les pouvoir publics Ainsi le "refus de l'impôt", la construction de la bergerie de la Blaquière, véritable chef-d'œuvre édifié sans l'aide d'aucun professionnel et qui rassembla pendant plusieurs étés des centaines de jeunes, encadrés et conseillés par quelques personnes plus âgées, dont je faisais partie. Les renvois de livrets militaires eurent aussi un impact important sur la population car chaque "*renvoyeur*" était traduit en justice, cet acte étant un délit devant la loi. Mon procès rassembla une masse importante devant le tribunal. Beaucoup de notables roannais étaient là. L'évêque fit parvenir au tribunal une lettre personnelle pour me soutenir et "justifier" ma décision. Un paysan du Larzac, puis un objecteur de conscience, une mère de six jeunes enfants donnèrent, eux aussi, leur témoignage devant les juges.

Pour ralentir les enquêtes des huissiers de l'armée, les paysans mirent sur pied, d'abord des G.F.A. (Groupement foncier agricole) dont les parts provenaient de militants de toutes nations. Puis, les paysans mirent en vente des portions de leurs terres d'une surface d'un mètre carré. Un vrai casse-tête pour les enquêteurs car beaucoup de ces micro-parcelles étaient achetées par des étrangers, surtout américains, allemands et citoyens d'autres pays. Ainsi, personnellement, je possède un mètre carré de rocher au hameau de Saint Sauveur…

Il ne se passa guère de mois sans manifestations ; mais ce qui fut remarquable c'est que pratiquement jamais les populations civiles n'eurent à en pâtir. Lanza avaient bien dit : "Ce ne sont pas les personnes qu'il faut détruire, mais les obstacles à la vérité et à la justice" Ce que nous nommons "non-violence" se dit en Inde « Force de la Vérité ».

Enfin, le 10 mars 1981, le Président Mitterrand déclara caduc le projet d'extension.

- 2 -

Avec un groupe de lycéens

Il est midi. Les jeunes sortent de l'école et se rendent dans un local où je les attends. Ils ont demandé à me rencontrer. On sort des casse-croûte et tout en déjeunant les questions qui préoccupaient ces jeunes sont abordées.

– On vient de fêter Pâques. On a chanté le Christ ressuscité. On a proclamé que, "par sa mort et sa résurrection il a sauvé tous les hommes". Est-ce à dire que chaque personne, quelle que soit sa manière de vivre sur la terre, sera sauvée ?
– Oui. C'est bien le fondement de notre foi chrétienne. Si Dieu est Amour, il ne peut condamner un seul de ses enfants !
– Même les plus grands criminels ?
– Oui, bien sûr.
– Où est la justice, si les gens qui ont eu une mauvaise vie sont traités de la même manière que les saints ? Peut-il y avoir une forme d'amour qui fasse fi de la justice ?
– Non, bien sûr !

– Alors ? Comment concevoir qu'un homme comme Hitler puisse se retrouver dans la même béatitude qu'un saint comme le curé d'Ars, par exemple ?
– Tout simplement parce que nous imaginons que Dieu serait un juge à la manière humaine. Dieu qui est l'Absolu de l'Amour ne peut condamner ! Il laisse à l'homme la tâche de se juger lui-même.
Imaginez un être humain – vous par exemple – arrivant près de Dieu. Il est tellement ébloui par l'immensité de l'Amour du Père ; de cet amour sans limite, sans la moindre restriction. Il prend alors conscience de l'horreur de son péché ; du mal qu'il a commis sur terre… C'est l'homme qui se juge alors lui-même ; il se condamne lui-même… Il tombe dans un remords sans fond qui le dévore, comme le feu dévore la bûche. Ainsi justice est faite. Chacun recueille ce qu'il a mérité. On pourrait dire que, plus son péché aura été grand sur terre, plus son tourment sera grand quand il en prendra la mesure.…
L'Amour de Dieu est tellement infini qu'il engendre la justice dans le cœur de l'homme !
– C'est pourquoi on a présenté l'enfer comme un feu ?
– Oui, mais il faut distinguer entre ce que l'Église appelle l'Enfer et ce qu'elle nomme "les enfers" ou purgatoire. Le purgatoire serait une prise de conscience du mal commis avec un remords profond, sincère tandis que l'enfer serait une absence de remords face à cette prise de conscience et qui le condamnerait à ne pouvoir sortir de cette douleur ; voire même à s'y complaire, à se réjouir du pouvoir qu'il avait sur les autres humains lorsqu'il était sur terre…
– Est-ce la raison pour laquelle l'Église invite les chrétiens à prier "pour les âmes du purgatoire" ?

– Oui ! L'homme qui se trouve torturé par son remords est réconforté par l'amour que lui porte un être qu'il a connu sur la terre et il ne se juge pas irrémédiablement perdu… On appelle cela la "Communion des saints" dont on parle dans le credo…
– Oui : "Je crois en la communion des saints… à la vie éternelle"… Tout se tient !
– Bravo ! Bien vu !

– N'est-ce pas terrifiant de voir la mort s'approcher ?
– Personnellement j'adhère à la foi en l'au-delà de la vie terrestre. Je ne suis sûr de rien ! On ne peut être sûr d'une réalité que lorsqu'elle a été expérimentée. Mais on peut avoir des convictions avant même cette expérimentation !
Je crois en l'au-delà de la vie sur cette terre car je crois que Dieu n'est pas un rêve destiné à calmer la peur des humains face à une mort inéluctable ! Ce n'est pas parce qu'on ne peut pas le mettre en équation, en expérimentation biologique, qu'il n'existe pas. Des scientifiques découvrent chaque jour des réalités jusqu'alors inconnues.

– Et la vieillesse ? Ne vous fait-elle pas peur ?
– Ce n'est pas la vieillesse qui m'effraie. C'est le vieillissement qui est terrible. Cette dégradation progressive du corps. Chaque jour voit apparaître un signe de ce délabrement. Et savoir que tout cela est sans retour… C'est un mal de dos qui s'installe durablement, des dents qui se déchaussent, une marche à pied de plus en plus difficile, la canne qui devient indispensable, des escaliers qu'on ne peut grimper sans main courante, de l'arthrose cervicale qui fait souffrir à chaque mouvement du cou, la déclinaison d'une

invitation à prendre le repas chez des amis car on s'aperçoit que l'on ne plus manger sans laisser échapper quelques petits pois ou autre aliment sur ses genoux ; sans compter une mastication trop lente et qui fait attendre les autres convives… Mille et mille petits riens qui rendent la vie plus difficile !

Mais cet état de vie est, par ailleurs, tellement riche en souvenirs, en connaissances de tous ordres ! Quel bonheur quand un enfant vous demande :

" Comment c'était quand vous étiez jeune ? Racontez-nous autrefois !…"

Rétrospectives

Je suis toujours bouleversé par ces questions, ces confidences… Qui ose dire que la jeunesse de ce temps est perdue ?...

"Jeunesse, jeunesse, printemps de beauté"
"Marche, le temps presse, vers la liberté…"
(Chanson de Joseph Folliet – dans les années 1930)

- 3 -

Avec un journaliste

La série de confidences qui va suivre a été réalisée au cours d'une interview avec un journaliste.

Le journaliste : Ma direction m'a remis votre manuscrit et m'a prié de prendre contact avec vous. Dans votre "**journal**" vous abordez avec une grande discrétion, mais également avec une profonde sincérité, les traumatismes qui à votre avis sont la conséquence de l'éducation "castratrice" (je crois que le mot est de vous) que vous avez eue à subir tout au long de votre présence dans un "petit séminaire" puis à moindre échelle dans un "grand séminaire". Vous vous réjouissez que les petits séminaires n'existent plus. Pouvez-vous me dire pourquoi les enfants désireux de devenir prêtre devaient, à votre avis, passer par ces écoles ?

Étienne : Je crois que l'Église catholique voulait "formater" ses futurs ministres, les protéger de la tentation qui pourrait mettre en danger, plus tard, leur célibat.

Le journaliste : Vous laissez entendre, dans votre manuscrit que c'était, à votre point de vue, une erreur de sa part !

Étienne : Une erreur, certainement ! Car lorsqu'un enfant ou un adolescent s'aperçoit qu'on lui a caché quelque chose, il cherchera à le connaître… Mais, plus qu'une erreur, je crois qu'elle a commis une faute, car cette éducation a eu comme conséquence de graves névroses chez un certain nombre de prêtres dans leur vie d'adulte…

Le journaliste : Vous voulez parler de la pédophilie ?

Étienne : La pédophilie, certes, pour un nombre assez restreint de prêtres, je crois. Ceux qui étaient le plus exposés à cette déviance, étaient ceux qui étaient en contact permanent avec des enfants. Je pense particulièrement aux prêtres enseignants ou même aux jeunes prêtres qui animaient des patronages ou des séances de catéchisme… Mais, comme je le redis, il me semble que cette déviance ne touchait qu'un petit nombre de prêtres, contrairement à ce que laissent entendre certains médias.

Le journaliste : Alors, comment s'exprimaient ces névroses ? Est-ce, à votre point de vue par le fait que beaucoup de prêtres ont quitté le sacerdoce pour se marier ?

Étienne : Oui, sans doute. Mais avant de répondre à cette question, je voudrais rectifier une erreur que vous venez d'exposer.

Le journaliste : Ah ?… Et quelle erreur ?

Étienne : L'erreur qui consiste à dire qu'en se mariant, le prêtre ordonné quitte le sacerdoce. Il quitte seulement **les fonctions** liées au sacerdoce, mais il reste prêtre, même s'il n'a plus le droit d'exercer ses fonctions sacerdotales. En effet, au jour de l'ordination, l'évêque proclame : "Tu es prêtre à jamais"… Le caractère du sacrement ne peut être effacé…

Le journaliste : Comme pour le baptême ?

Étienne : Oui, comme pour le baptême.

Le journaliste : Quoi que, on voit de plus en plus des personnes qui demandent à être "débaptisées"…

Étienne : On ne peut pas "débaptiser". On peut tout au plus rayer la mention du baptême sur les registres paroissiaux… Mais je crois qu'on s'égare un peu du sujet de notre entretien…

Le journaliste : Vous avez raison. Excusez-moi et revenons à nos moutons. Vous disiez que l'éducation hyper-protégée donnée dans les séminaires n'était pas seulement une erreur, mais aussi une faute car elle aurait conduit beaucoup de prêtres à de graves névroses…

Étienne : Oui. Nous avons parlé de la pédophilie… Mais y a aussi d'autres manifestations chez ces hommes mal à l'aise dans leur vie quand ils découvrent ce qu'on a pris tant de soin à leur cacher…

Le journaliste : Pensez-vous à des prêtres qui auraient des relations amoureuses en secret ?

Étienne : Oui, cela existe. Des prêtres (sont-ils nombreux ? Je ne sais !) ont des relations cachées avec des femmes. Faut-il leur jeter la pierre ? Feraient-ils mieux de quitter leur ministère et se marier ?…

Le journaliste : A mon point de vue, oui. Car, comment un prêtre – qui a des relations secrètes, et donc interdites – pourra-t-il parler de fidélité dans l'engagement à des couples mariés, puisque lui, trahit son engagement ?…

Étienne : J'ai parfaitement conscience que cette situation paraît scandaleuse aux yeux de beaucoup. Mais je reste convaincu que la plupart de ces hommes n'auraient pas demandé le sacerdoce s'ils avaient été informés honnêtement des renoncements que suppose le célibat et surtout s'ils en avaient compris le sens profond…

Le journaliste : Et ce sens profond, vous dites qu'on ne vous l'a jamais donné?

Étienne : C'est exact ! D'ailleurs, je me demande encore s'il y a vraiment un sens existentiel à ce célibat obligatoire !…
Et puis, je veux aussi rectifier une erreur que vous avez évoquée. Je veux parler du parallèle que vous établissez entre les sacrements du mariage et celui de l'ordre.
L'engagement à vie est un des éléments essentiels et constitutifs du sacrement de mariage, tandis que le célibat n'est pas lié au sacrement de l'ordre. Il n'est qu'un élément disciplinaire. La nuance est de taille. C'est pourquoi on ne peut pas mettre en parallèle l'engagement dans le mariage et l'engagement dans le sacerdoce. Il y a eu dans le christianisme de longs siècles où les prêtres étaient mariés. Au Liban, actuellement encore, des prêtres sont mariés. Et cela en accord avec Rome. Dernièrement, le pape a tendu la main à des prêtres anglicans, dont certains sont mariés. Il leur a proposé d'exercer un ministère sacerdotal dans

l'Église catholique... C'est bien la reconnaissance que le célibat n'est pas un élément constitutif du sacerdoce.

Le journaliste : Si vous me dites que la pédophilie et les relations amoureuses secrètes avec des femmes ne touchent, à votre point de vue, qu'une minorité de prêtres, cela laisse entendre que l'éducation que vous critiquez n'était pas si mauvaise que vous le laissez entendre...

Étienne : Il n'y a pas que ces déviances qui ont accablé les prêtres formés à cette école. Il y a eu aussi, et surtout peut-être, l'alcoolisme qui a été le lot de tant de curés, surtout dans les campagnes.

Le journaliste : Dans les campagnes surtout ?...

Étienne : Oui, je crois. Pour la bonne raison que la solitude y était beaucoup plus profonde. Insupportable même pour certains...

Le journaliste : Alors un certain nombre de ces prêtres se réfugiaient dans l'alcool ?

Étienne : Sans doute. Mais il faut savoir aussi que les prêtres étaient très nombreux à cette époque. Permettez-moi une anecdote qui illustre bien ce propos. Je la tiens directement d'un vieux curé de campagne. Il avait été ordonné prêtre dans le premier quart du XXe siècle. Quelques jours avant l'ordination, l'évêque a demandé à chacun des candidats si leur famille pourrait les garder pendant quelques mois. L'évêque aurait ajouté : "Quand j'aurai un poste à vous proposer, je vous le ferai savoir".

Le journaliste : On est bien loin de cette surabondance de prêtres, aujourd'hui !...

Étienne : Cette anecdote fait bien prendre conscience de l'abondance de prêtres à cette époque. Et cela a duré jusqu'à la moitié du XXe siècle. De toutes petites paroisses rurales avaient souvent deux prêtres en résidence. Ce qui, soit dit en passant, explique la dimension de tous ces presbytères, désaffectés aujourd'hui, que l'on rencontre dans les villages de campagne. On pourrait dire qu'il n'y avait pas de travail pour tous. Et cela aggravait encore le sentiment de solitude de ces hommes ! Le curé, c'est-à-dire le responsable de la paroisse, avait le "privilège" de visiter les familles. Il confiait à son vicaire (son adjoint), l'organisation des patronages ou autres colonies de vacances. Ou encore quelques fonctions qui requéraient davantage d'énergie. Par exemple, le prêtre que j'ai cité ci-dessus, me disait que, lorsqu'il était vicaire, le curé lui avait confié la charge de porter la communion à des malades dans un sanatorium situé en pleine forêt à deux ou trois heures de marche, à pied bien sûr. Ainsi toute la matinée, chaque jour, était bien occupée pour ce jeune prêtre !...

Le journaliste : Et le curé, lui, visitait les gens ? C'était le bon côté de son ministère !

Étienne : Oui et non. D'un côté cela lui permettait de rencontrer ses paroissiens, de parler avec eux dans un climat détendu et en toute simplicité... Mais, d'autre part – et c'est là qu'était le piège – il était souvent invité à prendre le repas avec l'une ou l'autre de ces familles. Sans compter qu'avant l'heure du déjeuner ou du dîner, il avait déjà visité plusieurs familles et que dans chacune d'entre elles il avait dû boire pas mal de verres de rouge, dans les paroisses de campagne surtout, quand ce n'était pas de la gnôle du pays…

Le journaliste : Ainsi, de jour en jour, le prêtre prenait goût à l'alcool ?

Étienne : Et beaucoup d'entre eux, se retrouvant seul le soir dans leur chambre ou leur cuisine déserte, prenaient un petit verre pour se remonter le moral !

Le journaliste : Un petit verre… puis un autre… Puis un autre…

Étienne : Oui ! C'est cela ! Dans ma jeunesse, combien ai-je vu de ces pauvres hommes que l'on ramenait à la cure, étalés dans une voiture à cheval et une fois même – ô honte ! — sur une brouette !…

Le journaliste : L'éducation trop protectrice qu'ont reçue les prêtres de cette époque, les ont conduits à fuir la solitude due au célibat en recherchant, pour certains, des relations secrètes avec des femmes, pour d'autres, des contacts intimes avec des enfants, pour d'autres encore l'addiction à l'alcool… ? On dit aussi que certains prêtres sont homosexuels ?…

Étienne : Cela n'est pas niable. Les prêtres seraient-ils, comme le prétendent certains, des êtres "ni homme, ni femme" qui échapperaient par je ne sais quel miracle à la nature humaine ?...

Les anciens parlent encore de prêtres qu'ils ont connus dans leur enfance, dans leur jeunesse, et qui imposaient le respect – devrait-on dire la peur – par leur attitude hautaine et extrêmement sévère. Ces prêtres, au cours de confessions, que l'on recommandait au moins mensuelles, faisaient subir à leurs pénitents de véritables interrogatoires sur leur vie conjugale et sexuelle...

Le journaliste : Encore une conséquence de cette éducation... Une manière voilée de satisfaire, en quelque sorte, leurs pulsions sexuelles ?...

Étienne : Je ne le dirais sans doute pas comme cela, mais, il y a bien là, une manifestation de ces névroses engendrées par l'éducation reçue...

Et nous n'avons pas parlé de ces prêtres qui sont tombés dans ce qu'on appelait la neurasthénie. On parle aujourd'hui d'état dépressif. Un infirmier de l'hôpital psychiatrique St. Jean de Dieu, à Lyon, me disait que, dans les années soixante, la catégorie sociale la plus représentée dans cet établissement était le clergé. Mais il y eut aussi, heureusement, des prêtres qui ont trouvé leur équilibre dans la culture d'un jardin ou l'apiculture ou autres activités manuelles ou intellectuelles.

Il n'en reste pas moins que je garde un profond ressentiment pour le mode d'éducation procuré aux séminaristes de cette époque.

Le journaliste : Et pour ceux qui ont imposé ce style d'éducation ?

Étienne : Oui, bien sûr. Mais je n'en veux pas à ces hommes qui nous ont conduits sur ces chemins "angéliques". Je crois qu'ils ont été eux aussi victimes de ce système d'hyper-protection voulu par l'institution.

Le journaliste : Voyez-vous là la cause de la désaffection des jeunes aujourd'hui pour une formation au ministère sacerdotal ? On dit que si les prêtres pouvaient se marier, il y aurait davantage de vocations…

Étienne : Peut-être. Je ne sais pas. Mais je ne le crois pas. La cause est plus profonde. Je vois même une explication beaucoup plus "spirituelle" et même "mystique" à ce problème. Beaucoup de chrétiens me prennent pour un fou lorsque je leur expose ce point de vue, mais je me réfugie derrière St Paul lorsqu'il dit : *"Si quelqu'un de vous se croit sage à la manière des hommes, qu'il devienne fou pour être sage"* [13]

Le journaliste : Vous m'intriguez !

Étienne : Je crois profondément que cette crise des vocations sacerdotales ne peut pas se réduire à l'obligation au célibat ou autre raison humaine. Les jeunes d'aujourd'hui sont aussi généreux que nous l'étions quand nous avions leur âge… Et peut-être même davantage… Il suffit de constater combien s'engagent bénévolement dans des services humanitaires ou sociaux… Si Dieu voulait que le Message de Jésus-Christ continue à se propager grâce à des prêtres tels que cela s'est fait dans les derniers siècles, il

---

[13] 1 Corinthiens 3,18

aurait trouvé le moyen de le faire savoir en continuant à appeler des hommes – et pourquoi pas des femmes ? – à suivre les pas de Jésus... Mais je crois que Dieu aime trop les humains pour voir ses apôtres continuer à souffrir des résultats d'une éducation déshumanisante...

Le journaliste : Alors, comment pensez-vous que Dieu va s'y prendre pour que cela change ?

Étienne : Je ne suis pas dans ses confidences !... Mais j'imagine qu'Il va tout simplement "couper les vivres" si je puis ainsi dire. Il ne fera plus entendre son appel pour que cesse cette forme de sacerdoce qui a fait – et fait encore – tant de malheureux et procure tant de souffrances ! Dieu appelle des hommes – et pourquoi pas des femmes ? – à être des "**sacrificateurs**", à être les ministres du Saint Sacrifice, source du Salut, et des responsables de cette Église en ont fait des "**sacrifiés**".... J'imagine que, quand il n'y aura plus de prêtres formés selon ces méthodes, alors le Saint-Esprit fera germer des vocations en masse... mais d'un tout autre style. Des prêtres bien insérés dans le monde. Des prêtres épanouis... Des prêtres pour le monde.

Le journaliste : Je suis quelque peu ébloui par votre regard sur ce qu'on appelle la "crise des vocations"...

Étienne : Ce qui me fait penser ainsi c'est la parole de Jésus aux pharisiens qui prétendaient avoir toute la vérité et être les seuls vrais fidèles à la loi divine : "*Je vous le dis, de ces pierres que voici, Dieu peut susciter des enfants à Abraham...*"[14]

---

[14] Matthieu 3,9.

- 4 -

Avec les Gens du Voyage

Qu'est ce qui m'a poussé à m'approcher de ce monde des voyageurs, qu'on nomme aussi gitans, manouches et encore de bien d'autres noms ? Est-ce le souvenir, selon le témoignage de ma mère, que mes ancêtres maternels étaient, eux aussi, des gens du voyage ? Est-ce la rencontre fortuite d'une famille yéniche[15] à l'occasion d'un baptême ? Est-ce ma plus grande disponibilité ? Est-ce un signe de la Providence ? Un peu de tout cela sans doute !
De rencontres en rencontres je découvre peu à peu ce monde dont on ne connaît que les défauts qu'on leur attribue : voleurs, menteurs, escrocs, tenue négligée... et bien d'autres méfaits supposés, parfois avérés aussi. Pour illustrer cette dernière allégation, je relate le récit que me fit dernièrement un de ces voyageurs âgés : " Quand j'étais enfant, nous vivions dans des caravanes. Une pour y faire dormir les garçons et une autre pour les parents et les filles. Mon père était ferrailleur et les revenus étaient bien maigres.
Parfois, comme j'étais l'aîné, mon père me disait certains matins :
– On n'a rien à se mettre sous la dent aujourd'hui.
Je savais ce que cela signifiait. Je prenais une gaule de noisetier en guise de canne à pêche. Je m'en allais au bord d'un chemin bordé d'une haie de cyprès. Je balançais le fil

---

[15] Les Yéniches sont souvent considérés comme "les derniers nomades d'Europe"

de la ligne de l'autre côté et j'attendais qu'une poule vienne engloutir le petit morceau de pain que j'avais fixé à l'hameçon. Et on avait encore une journée d'alimentation. Je fus amusé par ce récit car il justifiait la réputation de "voleurs de poules" de ces gens.

Un jour, je reçois un appel téléphonique :
– Allô, mon père, pourriez-vous baptiser mon petit-fils ? Mon fils a pris contact avec le prêtre de sa paroisse qui prétend qu'il ne peut pas assurer cette cérémonie. Il dit qu'il ne connaît pas notre genre de vie et nos convictions et que, par conséquent, il ne se sent pas à l'aise pour cet acte…
La dame reprend :
– J'ai écrit au responsable diocésain qui m'a conseillé de prendre contact avec vous.
Je ne vois pas pourquoi je refuserais et prends rendez-vous avec les parents. La rencontre aura lieu au domicile de l'enfant à baptiser… Superbe maison dans une ville proche de mon domicile. On fait connaissance. Pour casser la glace, je félicite les parents sur la beauté de la maison.
– C'est moi qui l'ai construite avec des amis du voyage…
– Vous voilà donc devenu sédentaires…
– Non ! Pas du tout. Je vais revendre cette maison dès que le petit aura un peu grandi… Voyez-vous, je reste nomade. Je ne peux pas m'installer durablement dans une maison. Mes ancêtres construisaient leur roulotte et partaient sur les routes. Moi, je construis une maison et je m'en vais ailleurs quelques années plus tard…
– Une si belle maison que la vôtre ! Vous allez la quitter sans regret ?
– Oui ! Vous savez, mon père, les roulottes autrefois étaient belles, elles aussi. De vrais petits bijoux parfois !…

Je tente quelques questions sur les motivations pour le baptême du petit... Je suis surpris et même ébloui par les connaissances religieuses de ces parents, ancrés dans des traditions religieuses qui ne tolèrent aucune compromission, aucune déviance, aucune entorse à ce qui leur a été transmis... Je m'émerveille également des connaissances de cet homme sur la Bible : il m'en cite des passages entiers, avec leurs références exactes.
On prépare plus précisément la cérémonie. Pour les parents, tout doit se dérouler d'une manière très traditionnelle.
– On a prévu l'eau que l'on a rapportée de Lourdes lors de notre dernier grand pèlerinage. On a aussi rapporté un cierge de Montserrat et du sel qu'un voyageur a rapporté de la Mer Morte...

La cérémonie se déroule dans un climat de profond recueillement. Une dame chante une prière qu'elle a composée elle-même. Prière demandant à Dieu sa protection pour cet enfant. La cérémonie se termine par une prière à El Pélé, un gitan espagnol, récemment canonisé.

Et je suis invité au repas de fête. Après un copieux apéritif (!), j'entre dans la salle, accompagné des hommes les plus âgés. On m'explique que c'est un honneur car les anciens sont considérés comme des sages que tous écoutent et respectent. Puis viennent les femmes qui s'installent dans une autre partie de la salle. Enfin, ce sont les enfants et les jeunes gens. Je suis émerveillé par la tenue de la trentaine d'enfants. Pas un seul ne sort de table sans la permission des adultes. Pas de chahut, pas de cris. Seulement une joyeuse ambiance...

Je me rends compte de l'importance des règles sociales de ce monde. Cette rigueur que j'avais remarquée pendant la cérémonie du baptême…

Ce "peuple" m'étonne, me surprend, m'édifie parfois dans son comportement public… Qu'en est-il en privé ? Beaucoup n'hésitent pas à émettre des jugements, voire des condamnations sans réplique… Sont-ils justifiés ?… Au vu de notre "civilisation" occidentale, certainement ! Replacés dans un mode de vie ancestral nomade ?… Mais peut-on se projeter dans un type de civilisation que nous n'avons jamais connu ?…

Rétrospectives

Ces rencontres avec les gens du voyage m'interrogent de plus en plus. Il est difficile, voire impossible, pour des sédentaires de comprendre les motivations et le mode de vie des nomades. On me donne, un jour, une réponse qui m'intrigue :

— La Bible nous dit que lorsque Dieu créa le monde, il confia la terre aux hommes en leur disant d'en tirer leur subsistance. Malheureusement, des hommes s'emparèrent de parcelles de cette terre et en interdirent l'entrée aux autres. Ainsi, de siècle en siècle, toute la terre fut accaparée par des hommes qu'on nomme des sédentaires. Comment, dans cette situation, ceux qui ont choisi de rester nomades peuvent-ils vivre ? Il ne leur reste d'autre choix que de violer ces propriétés. C'est ce qu'ont fait les Hébreux, à la suite d'Abraham et de Moïse…

Lorsque je présente ces réflexions à des compatriotes sédentaires, ils me répondent que cette explication n'a pour but que de justifier les rapines et les cambriolages. Et pourtant, plus je rencontre de Voyageurs, plus je suis convaincu que beaucoup d'entre eux pensent vraiment qu'ils sont une sorte « d'élite » conservateurs du nomadisme primitif.

- 5 -

Et les divorcés !…

"Mon conjoint est divorcé. Il a été marié à l'Église. Est-ce possible d'avoir une bénédiction ?"
Lorsque cette question m'est posée, je réponds : "On ne peut pas discuter de cette question sur le trottoir. Prenons donc un rendez-vous. On regardera paisiblement ce que l'on peut faire…"

Rétrospectives

Pourquoi ces rencontres arrivent-elles au moment où ma vie terrestre approche de son terme ?

Pour qu'il y ait rencontre, il faut que les personnes soient disponibles à l'écoute, au contact. Certes, j'ai rencontré beaucoup de gens pendant ma vie, mais je m'étonne qu'au moment où je suis retiré des affaires du monde, je sois sollicité par des rencontres d'une grande profondeur. Peut-être précisément parce que je suis plus disponible ! En tous les cas, cela me procure une grande joie !

- IV -

Où le péché abonde,

La Grâce surabonde…

Romains 5,20

L'interview avec le journaliste et mes réflexions ont pu laisser la terrible impression qu'il n'y a pas de prêtres heureux, que la majorité des prêtres sont "de mauvais prêtres". Ce n'est pas ce que j'ai voulu dire car je connais – et rencontre souvent – des prêtres profondément pacifiés. Mais j'ai voulu dire qu'il n'y a pas de prêtres parfaits. Chacun de ces hommes – même si on les désigne comme "hommes de Dieu" — ont une histoire, leur propre histoire faite de bien et de mal, de péché et de sainteté.

Lorsque j'étais jeune homme, en grande discussion avec des camarades qui se destinaient comme moi au sacerdoce, un vieux prêtre nous avait dit :
– Vous vous préparez à devenir des "hommes de Dieu", sachez bien respecter l'ordre des mots : pour être "de Dieu" (c'est-à-dire savoir parler de Dieu aux hommes) il vous faudra d'abord être "des hommes", des hommes de valeur, des hommes dignes de ce nom, des hommes "à l'image de Dieu"…

Tout le monde se souvient du fameux appel de Martin Luther King : " *I have a dream*"… À mon tour, je fais un rêve : Je rêve que les responsables de l'Église proposent aux futurs prêtres une formation humaine et spirituelle plus ancrée dans l'histoire des hommes de leur temps…
Je rêve même pour ces hommes la possibilité de choisir le mariage s'ils le désirent. Il n'y a pas, à mon point de vue d'incompatibilité entre l'état de prêtre et celui d'homme marié, sinon peut-être une plus grande disponibilité de temps, mais cela reste encore à démontrer. Il y a beaucoup de pasteurs protestants qui sont mariés et qui sont tout à fait disponibles pour les fidèles… Je connais, nous connaissons

tous, des prêtres qui ont abandonné leurs fonctions pour se marier et qui n'ont rien perdu de leur foi et de leur amour profond pour le Christ.

Il n'y a pas si longtemps qu'un prêtre qui demandait à se marier était déclaré par l'Église catholique "réduit à l'état laïc". Ces termes en disent long sur la supériorité que cette institution reconnaissait à ses clercs… Se marier serait donc une déchéance dégradante ?…

Je rêve que les "fidèles" aiment leurs prêtres comme ils aiment leurs amis. Qu'ils reconnaissent qu'ils n'ont pas toujours une vie facile. Ils ont tous des moments de faiblesse – car c'est le lot de tout homme – et ils ne sont pas des anges. Que les chrétiens ne les condamnent pas lorsque leurs pasteurs les déçoivent ou même lorsqu'ils chutent !… Je suis convaincu que **tous** ces prêtres, à part de très rares exceptions, savent très bien qui ils sont : de pauvres pécheurs sauvés par l'amour rédempteur du Christ. C'est pourquoi ils peuvent aspirer au Bonheur.
Ce bonheur serein que vous pouvez voir rayonner sur le visage de certains de vos prêtres n'est pas la conséquence d'une vie qui aurait été un "long fleuve tranquille". J'y vois deux grandes étapes, dans lesquelles se reconnaîtront aussi beaucoup de femmes et d'hommes mariés, ainsi que des célibataires.

La première de ces étapes est celle de la jeunesse. Quand on part dans la vie, enthousiasmé par un projet de vie, que ce soit le mariage ou le célibat dans le sacerdoce, on ne veut voir que la joie du don de soi. On n'imagine même pas que des difficultés pourraient un jour remettre en cause cet

engagement... C'est le temps du bonheur exalté, sans ombre, sans reprise... Le temps des "fiançailles"...
Mais quand viennent les premiers obstacles – un peu de lassitude parfois face à une vie qui semble trop monotone ou mille autres raisons – certains se troublent, recherchent des dérivatifs.

Vient ensuite le deuxième temps d'un bonheur, plus paisible, moins exalté... Une longue méditation sur le salut, la prise de conscience qu'une rédemption est offerte... Heureux, non pas d'avoir été assez forts pour sortir de leur péché, de leur déchéance peut-être, mais heureux de la main tendue du Seigneur qui les a tirés de la fange.

- V -

Purification…

Suite à une visite de routine, le médecin diagnostique un cancer à l'estomac. Une intervention d'urgence est programmée un jour de mai.

"L'intervention s'était bien déroulée… mais un accident vient de se produire… À moins d'un miracle, on n'a guère espoir de l'en sortir !…"

C'est à peu près ce que ma famille, convoquée au centre hospitalier a entendu, quelques jours après l'opération. Le personnel du service de réanimation se bat cependant avec énergie, patience et compétence. Mais le Mal – les anciens auraient dit le Malin, le Démon – est là qui s'acharne lui aussi…

Et voilà qu'arrive une amie, animatrice en aumônerie de collège avec moi. Elle m'apporte une lettre des élèves de troisième. Je suis à peine conscient. Elle tire une carte postale de l'enveloppe et très lentement me la lit. En quelques mots, les filles me disent leur amitié et leurs encouragements. Puis, elle lit une courte lettre qui accompagne la carte. C'est une des filles qui écrit : "Je vais être confirmée et j'aimerais que tu sois mon parrain…" Une Force est sortie de cette enveloppe… Elle m'envahit, me donne une énergie insoupçonnée, surnaturelle. La Force de la Foi, la Force de l'Amour. Et petit à petit, grâce aussi à la compétence et à l'acharnement du personnel hospitalier, revient la vitalité, triomphe la vie, contre toute apparence. Heure après heure, jour après jour, le Mal perd du terrain, le Malin recule, l'Amour-Dieu fait naître l'Espoir, la Victoire de la Vie…

Et si c'était cela les miracles dont parle Jésus : la foi qui déracine les montagnes et les fait se jeter dans la mer ([16]) !...

Quelques jours plus tard, au service de réanimation : derrière la tête du lit sur lequel je suis étendu, immobilisé, des ordinateurs analysent en permanence chaque organe de mon corps, chaque sécrétion, chaque goutte de mon sang… De ma chair meurtrie sortent sondes et tuyaux de toutes grosseurs. Par ma bouche, un tube souple s'en va jusqu'à mes poumons pour y insuffler l'air indispensable à la vie. La langue est immobilisée, les cordes vocales paralysées, la parole est devenue impossible. Pour communiquer, une ardoise. Si encore restait un peu de force pour tenir le crayon !... Expérience terrible et pourtant si enrichissante de la communication verbale devenue impossible !...

Les premiers mots de l'Évangile selon saint Jean tournent et retournent sans cesse dans ma tête : "Au commencement était le Verbe, **la Parole** ([17])…Et moi, je ne peux plus utiliser la parole pour communiquer. Dieu a-t-il déserté ma vie lorsque la Parole m'a quitté ? Ou bien est-ce un appel à regarder la vie autrement : ne plus avoir accès à la parole pour pouvoir enfin entendre, écouter **Celui qui est La Parole** ? Entendre enfin le Dieu-Parole, Celui qui sait tout de la Vie ; Celui qui est à l'origine de la vie ; Celui qui est la Vie : "Je suis la Vie" disait La Parole, le Verbe. ([18])

À côté de mon lit, l'appareil de respiration assistée insuffle dans mes poumons défaillants un souffle vital. Quand j'entends son rythme régulier et puissant battre comme un

---

[16] Mat. 17,20 Luc 17,6.
[17] Jean 1,1
[18] Jean 10,10 11,25 14,6 14,19 8,51-52

cœur apaisant, mon esprit que je ne sentais qu'à peine habiter mon corps de misère s'est-il rapproché de l'Esprit-Saint ?.... Toujours est-il que je me mis à penser intensément à l'Esprit divin. Et je me disais que ce n'était pas par hasard qu'Il me "visitait" en ce moment. Les "visites" de Dieu, dans la Bible ont toujours quelque chose de terrifiant et, en même temps, provoquent un grand apaisement, une profonde espérance ([19]). Je le sentais en ce moment. Je pouvais dire en quelque sorte que je faisais l'expérience de sa Présence. Dans les Écritures on appelle l'Esprit divin "Roua Yahvé", le Souffle de Vie. Il était bien là, insufflant en mon esprit le souffle de vie que les hommes, avec leurs merveilleuses inventions et leur compétence ne pouvaient maintenir que dans mon corps. Et je sentis combien ce Dieu faisait confiance à ses créatures ; leur donnant de collaborer avec Lui pour, qu'ensemble, ils maintiennent en nos corps et en nos esprits le Souffle de la vie... En cette contemplation, je me désespérais cependant. Il y avait bien là, avec moi, l'Esprit-Saint, le Consolateur comme l'appelait Jésus [20]. Et "consolateur" il l'était vraiment pour moi en ces moments tragiques... Je sentais la présence du Fils, souffrant à mes côtés... Mais pourquoi le Père paraissait-il tellement absent ? Alors, est-ce l'Esprit qui glissa dans le mien une pensée, discrète d'abord et murmurant comme une des petites sources que je découvrais, émerveillé, dans les prairies et les forêts de mon enfance ?... Puis ce balbutiement devint torrent, rivière, fleuve : comment le Père pourrait-il être absent, lointain quand le Fils et l'Esprit sont là ?... N'est-il pas le Créateur

---

[19] Genèse 18,22   26,23   28,23   32,44   Sophonie 3,14 et suivants   Sagesse 3,1-17   Sirac 2,17-18   Mat. 28,19-20

[20]   Jean 14,16-26

qui ne peut se séparer du Fils et de l'Esprit pour maintenir à chaque instant la vie qu'il a donnée ?... Dans mon immobilité, dans mon silence forcé, je m'écriais : "Ô Père, papa, tu es bien là... Amour-Trinité qui **est la vie**, bénie sois-tu !..." Je voyais, en silhouette, comme des ombres chinoises, s'affairer autour de moi : ces femmes et ces hommes merveilleux de compétence, de patience, de dévouement, d'attention pour que je vive, malgré l'acharnement du mal... Étonnants collaborateurs de Dieu pour la vie...

Introduit par une infirmière dans la chambre stérile où je gis, mes veines et mes orifices naturels branchés à d'innombrables appareils, bouteilles et autres bocaux, un ami prêtre entre sur la pointe des pieds. Je vois son visage, d'abord souriant, se décomposer. Je prends conscience, sur ses traits, de l'état dans lequel je suis... Il me dit quelques paroles d'amitié, de réconfort et je lui en suis profondément reconnaissant... Je le sens un peu désemparé et je le comprends. Il tente une question dont je sais qu'il connaît la réponse :

– Parviens-tu à prier ?...

Énoncer des prières, même mentalement, je m'en sens bien incapable... Tout au plus, soupirer de l'intérieur les premiers mots du psaume 22 : "Mon Dieu... Mon Dieu... Pourquoi m'as-tu abandonné ?..."

Comme Jésus, au plus fort de la douleur : cri de détresse, non de désespoir, non pas de révolte... Je ne suis pas convaincu que l'homme de Nazareth soit allé plus loin dans l'évocation de ce psaume qui s'achève en action de grâce. Quand on est meurtri, accablé de douleur, quand la souffrance, la maladie réduisent l'être à ne devenir que faiblesse, dépendance... comment pourrait-on prier, dire des mots de confiance, d'espérance ?...

Si j'avais pu parler, m'exprimer, j'aurais répondu à mon ami :

– Non ! Je ne peux pas prier... Tu vois je suis **devenu prière.** Tout mon être est devenu un immense cri vers le Père : Papa !... Je ne suis plus qu'un amas de chair douloureux qu'un tout petit bout d'esprit tente encore, à grands efforts, de tenir vivant, d'animer... C'est peut-être cela la vraie prière, la prière de Jésus dans la montagne ([21]) : **devenir prière...**

Parfois, quelques réflexions viennent tourmenter mon esprit. La plus tenace est la prise de conscience d'une terrible injustice. Je sais, en effet, que des sommes d'argent considérables sont engagées chaque jour pour me maintenir en vie dans l'espoir bien hypothétique d'une guérison. Et je me dis qu'il serait plus juste que cet argent soit versé à un organisme humanitaire. Ainsi, des centaines d'enfants seraient arrachés à une mort certaine. Cette angoisse me tenaille sans cesse...

Lorsque, je pus enfin parler, je confiai ces réflexions à une infirmière. Elle me fit remarquer que j'étais dans la plus grande utopie car, quand bien même on cesserait de me

---

[21] Cf. Marc 6,46

prodiguer des soins, il ne serait pas possible de verser l'argent correspondant à un organisme.

Deux ans plus tard, j'ai retrouvé une vie à peu près normale. J'ai repris mes activités pastorales. Mes amis me disent :
– Tu vois que les services hospitaliers ont eu raison de persister dans les soins que l'on t'a donnés… même si cela a coûté beaucoup d'argent…
Mais pour moi persiste cette idée d'injustice : ma vie personnelle dans la balance de la vie de centaines d'enfants !
… Je porterai tout le reste de ma vie cette *angoissante question !*…

D'autres fois, je pensais à Jésus en croix. Immobilisé lui aussi, non par des lanières ouatées, mais par des clous dans ses mains et ses pieds. Moi, immobilisé sur un lit douillet, aseptisé… Lui sur deux poutres mal équarries...
Je suis rendu muet par des sondes qui m'obstruent le larynx mais permettent aux poumons de garder le souffle de la vie… Lui, ne pouvant plus parler parce que le poids de son corps écrase sa cage thoracique et empêche l'air de pénétrer dans ses poumons… Je n'ai plus que mes yeux pour communiquer avec ceux qui, inlassablement, maternellement, me soignent… Lui aussi n'a plus que ses yeux pour regarder les passants qui refusent toute communication, tout échange, toute communion…
Lorsqu'une infirmière m'annonce une des rares visites que le médecin autorise, mes yeux se tournent vers la porte. Dans les yeux du visiteur passent tant de muettes confidences. Le regard de l'autre devient miroir. J'y vois le reflet de mon propre état physique. J'y vois l'effroi ; quelquefois la terreur, souvent la compassion et parfois une

Force qui devient source de victoire sur la souffrance et la mort… Ce regard-là, tu l'as connu, Seigneur, lorsque tes yeux ont quitté les regards voyeurs, ironiques, jouisseurs de la foule pour plonger dans les yeux de ta mère au pied de ta croix. Tu as trouvé cette Force qui t'a fait dire "Père, entre tes mains je remets mon esprit" ([22]) ; non pas comme la parole de quelqu'un qui abandonnerait la lutte, mais comme un cri d'infinie confiance et de Paix intérieure.

---

[22] Luc 23,46.

VI -

Crépuscule

Je vois maintenant poindre le bout de mon chemin de vie. Je vis seul dans une petite maison de campagne.

Lorsque je suis arrivé, à la suite de la grave intervention chirurgicale qui m'a trop affaibli pour continuer à assurer la responsabilité d'une paroisse, quelques personnes m'ont manifesté leur joie de voir un prêtre habiter parmi eux. D'autres n'ont pas hésité à me déclarer, sinon leur hostilité, du moins leur opposition à l'Église que je représentais à leurs yeux.

Pendant de longs mois, je sortais peu, trop affaibli par ma mauvaise santé. Je me contentais de rendre visite à mes voisins du hameau. Ce hameau compte six feux. Un couple âgé. Un couple de retraités, un jeune couple, une femme malade avec son fils. Tous les habitants me disent ou me laissent entendre qu'ils sont athées, ou se sont éloignés de l'Église. Je les écoute attentivement. J'accueille leurs confidences et de jour en jour l'histoire de chacun me pénètre… Et peu à peu se nouent des amitiés solides. Une octogénaire confie un jour : "Si on m'avait dit, il y a vingt ans, qu'un jour mon meilleur ami serait un curé, j'aurais dit : allez vous faire foutre !"

Alors, un couple vivant en concubinage depuis vingt-quatre ans me demanda de bénir leur mariage, en présence de leurs enfants de vingt-et-un, dix-huit et seize ans.. Puis c'est le tour d'une fille du village non baptisée. Célébration profonde, pleine d'émotion. Ce sont des baptêmes, des funérailles aussi… Chacune de ces rencontres enclenche une réflexion souvent très profonde sur le sens de la vie, sur la religion, sur Dieu. Je suis toujours profondément touché de ces retours vers le Seigneur !…

Mais parfois, les limites du religieux sont franchies. Un jeune homme que j'ai rencontré quelquefois me contacte : "Mon père vient de décéder. Tu sais qu'il était athée mais, avant de mourir, il m'a fait promettre que je te contacterais pour que tu fasses une cérémonie dans l'église de son village natal en veillant à ce qu'il n'y ait rien de religieux". Je n'hésite pas. Le curé du village est contacté et refuse de "prêter" l'église mais ne voit pas d'objection si je veux en prendre la responsabilité... Avec quelques membres la famille on prépare longuement cette "cérémonie ». Des textes magnifiques sont proposés. J'ai la charge de faire le lien entre tous ces textes et témoignages… Beaucoup de gens du village sont là. Beaucoup sont pratiquants. Ils s'étonnent qu'on permette de faire une rencontre civile dans une église. Je réponds que, d'abord, ce bâtiment étant un bâtiment communal, je ne vois pas pourquoi on rejetterait les gens du village. La "célébration" ne fut pas "catholique", certes, mais elle fut profondément "chrétienne". Tous les témoignages, tous les textes étaient empreints des valeurs proposées par Jésus-Christ : justice, sens des autres, des exclus surtout, générosité, paix des armes et des cœurs… Je croyais entendre, sous une autre forme, les Béatitudes… Et plusieurs de nos "bons pratiquants" n'ont pas hésité à dire : "Ce fut vraiment une belle cérémonie".
L'amitié, la sincérité, effacent rapidement les différences. On me respecte et, à travers moi, cette Église que je représente et que beaucoup ont quittée.
Je participe le plus possible aux activités communales…

On m'invite parfois pour un repas convivial. Fréquemment, au cours du dîner, on me pose la question du célibat, de la vie du prêtre…

– Je vais vous répondre bien franchement. Pour moi personnellement, le célibat n'est pas un problème majeur. Vivre seul ne me déplaît pas. Je dirais même, au contraire, car pendant toute une vie de célibataire, j'ai accumulé une quantité invraisemblable de manies, de défauts qui rendraient la vie impossible à une femme… En revanche, ce qui est peut-être le plus difficile à accepter, c'est le manque d'enfant…

– Les enfants vous manquent davantage qu'une compagne ?

– Franchement, oui. C'est sans doute la perspective de la fin de vie qui fait surgir ce besoin de se prolonger dans un enfant… Transmettre ce que l'on a acquis tout au long de sa vie. La perspective de partir ainsi est dure ! J'ai un peu l'impression d'une vie stérile. D'avoir passé toutes ces années sur terre et de ne rien laisser derrière moi…

– Ne dites pas ça ! Votre fécondité n'est peut-être pas biologique, mais que de vies vous avez éveillées !…

– Peut-être… Mais c'est dur quand même !… Cependant je ne regrette rien des difficultés que j'ai rencontrées, de ce que j'ai donné aussi…

Le repas terminé, c'est partout le même scénario : les petits enfants de la famille se disputent le privilège de grimper sur les genoux de ce grand-père d'un soir… Et pour moi, c'est un grand bonheur... Je me souviens encore du passage de l'évangile selon St Marc[23] : *"Ensuite Jésus prit les enfants dans ses bras. Il posa la main sur chacun d'eux et les bénit"*...

"Allo !... Ici, le journaliste que vous avez bien voulu recevoir au sujet de votre manuscrit *Journal d'un curé pas très "catholique »*"...

Étienne : Oui. Bonjour. Et qu'est-ce qui vous amène ?
Le journaliste : Le pape François condamne sévèrement les prêtres pédophiles. De même le cardinal de Lyon... Cela a dû vous réjouir !

Étienne : Réjouir... n'est pas le mot qui me convient car cela aurait dû arriver bien plus tôt. Je salue cependant cette initiative... Mais j'espère surtout que le pape va inviter les évêques du monde entier à mettre en place une formation des futurs prêtres bien adaptée au monde dans lequel ils sont appelés à vivre... J'ose croire aussi qu'il invitera tous les responsables d'Église à réfléchir sur le mode de vie souhaitable pour les prêtres afin qu'ils assurent leur ministère avec efficacité et joie, en parfait équilibre affectif...

---

[23] Marc 10,16

Le journaliste : Pardonnez mon audace. Mais c'est d'une tout autre question que je souhaitais vous parler en vous appelant au téléphone…

Étienne : Je vous écoute. N'hésitez pas à parler sans réserve…

Le journaliste : : Voilà ! Je garde de notre entretien un sentiment assez sombre sur le prêtre tel que vous me l'avez présenté. Pour vous, c'est un homme "comme les autres", si je puis dire… Alors qu'on attend de lui une sorte de "modèle". un être qui nous montre que le profit, le plaisir, l'égoïsme, le matérialisme et tout ce qui fait le quotidien de tant d'hommes et de femmes ne sont pas un but en soi… je ne sais pas bien comment exprimer le malaise que je ressens, mais je reste presque terrifié par ce que vous m'avez confié…

Étienne : J'ai dû bien mal m'exprimer… Je puis dire que mon but a été double. D'une part, dénoncer l'éducation donnée aux futurs prêtres. Cette éducation qui a conduit certains à de véritables névroses et à de graves déviances sur le plan de la sexualité. J'ai voulu, d'autre part, démystifier l'aspect désincarné qu'on a si souvent attribué au prêtre, mais il n'en reste pas moins que l'immense majorité d'entre eux ont parfaitement conscience d'avoir été appelés par le Christ pour porter son Message d'Amour universel au monde et que beaucoup s'efforcent de vivre le mieux possible ce commandement… Tous, je l'espère, ont parfaitement conscience qu'ils ont été appelés gracieusement, sans qu'entrent en compte leurs mérites. Je puis vous assurer que cet appel est bouleversant pour un prêtre ! Je pense qu'il ressemble fort à l'attirance qu'une femme ou un homme peuvent ressentir l'un pour l'autre. C'est une véritable séduction. Le prêtre peut redire la parole du prophète Jérémie : *"Tu m'as séduit et je me suis laissé séduire. Tu as été le plus fort..."*[24] Et je crois qu'on peut dire que chaque prêtre, malgré ses faiblesses et même au cœur de ses défaillances, clamera toujours : "Tu m'as séduit et je me suis laissé séduire !" et ce cri retentira toujours comme une immense et joyeuse Action de grâce !...

"C'est la nuit qu'il est beau de croire à la lumière"
Edmond Rostand

---

[24] Jérémie 20,7

Table

5 – Avertissement de l'auteur

7 – - I - Au commencement

8 – La chèvre et l'enfant

15 – La boîte à coton

22 – Histoires de famille.

28 – Jeune homme

31 – Maudite soit la guerre !…

55 – Retour…

58 – Prêtre-pion

60 – Explosions

65 - II En quête de rédemption

66 – La fuite

69 – Chercheurs de paix

72 – Avec les SANS

78 – Avec les glaneurs de paradis

93 - Lettre d'Etienne à lui-même

97 – III Et Vient l'automne –

98 – Gardarem lo Larzac –

105 - Avec des lycéens

109 – Avec un journaliste

119 – Avec les gens du voyage

124 – Et les Divorcés ?

125 – IV Où le péché abonde la grâce surabonde

129 – V – Purification

137 – VI - Crépuscule…

Une semaine avant sa mort, Bernard Millet avait envoyé ce texte à son ami André Vesse en lui demandant d'y apporter des corrections. André, voulant lui demander une précision, allait lui téléphoner lorsqu'il apprit, lors de la messe à Villerest, la mort de Bernard...

La famille de Bernard Millet a donc demandé à André de corriger le texte pour le publier à titre posthume.

La mise en page et la mise à l'édition ont été confiées à Isabelle Desbenoit (www.isabelledesbenoit.fr), et la couverture réalisée par son mari Sébastien, tous deux amis de Bernard également.

Tous les gains générés par la vente du livre seront intégralement reversés aux associations que le Père Millet soutenait : Notre Abri et Accueil solidaire en Roannais.